A SORTE COMO HÁBITO

Douglas Miller

O que pensam, sabem e fazem as pessoas que têm sorte no dia a dia

INTEGRARE
EDITORA

Título original: *The Luck Habit*

Edição original em inglês: Copyright © Douglas Miller 2012
"This translation of THE LUCK HABIT 1st Edition is published by arrangement with Pearson Education Limited."

Edição em língua portuguesa para o Brasil: copyright © 2013 by Integrare Editora.

Publisher
Maurício Machado

Supervisora editorial
Luciana M. Tiba

Assistente editorial
Deborah Mattos

Tradução
Carlos Eduardo Silveira Matos

Edição de texto e revisão
Valéria Sanalios e Hebe Lucas

Projeto gráfico de capa e de miolo / Diagramação
Nobreart Comunicação

Dados Internacionais de Catalogação na Publicação (CIP)
(Câmara Brasileira do Livro, SP, Brasil)

Miller, Douglas
A sorte como hábito : o que pensam, sabem e fazem as pessoas que tem sorte no dia a dia / Douglas Miller ; tradução Carlos Eduardo Silveira Matos. – 1. ed. – São Paulo: Integrare Editora, 2013.

Título original: The luck habit
Bibliografia.
ISBN 978-85-8211-046-1

1. Conduta de vida 2. Felicidade 3. Realização pessoal 4. Sorte 5. Sucesso I. Título.

13-05564 CDD-158

Índices para catálogo sistemático:

1. Sorte : Conduta de vida : Psicologia aplicada 158

INTEGRARE EDITORA E LIVRARIA LTDA.
Rua Tabapuã, 1123, 7º andar, conj. 71-74
CEP 04533-014 – São Paulo – SP – Brasil
Tel. (55) (11) 3562-8590
Visite nosso site: www.integrareeditora.com.br

Para Lily e Isabelle,
amor sem fim.

sumário

Introdução

"Penso que a **sorte é o senso** de reconhecer uma oportunidade e a **capacidade** de tirar **vantagem** dela. Todo mundo tem reveses, mas também tem **oportunidades**."

SAMUEL GOLDWYN, PRODUTOR DE FILMES

A sorte existe. Existe por toda parte. Usamos a palavra o tempo todo, mas em geral não refletimos muito sobre o que ela significa na prática. A "sorte" está implícita quando usamos velhos clichês como "No lugar certo, na hora certa" ou "No lugar certo, na hora errada" ou aquele clássico ditado fatalista: "Não é o que você conhece, e sim quem você conhece". Como acontece com a maioria dos clichês, eles contêm uma pitada de verdade. *A Sorte como Hábito* diz respeito a aceitar esses antigos clichês como truísmos parciais, no sentido de que existem aspectos da vida sobre os quais você não tem controle algum. Contudo, se você acreditar que "quem você conhece" é importante, a pessoa que tem os hábitos da sorte chegará a conhecer "as pessoas certas" em vez de simplesmente assumir que não as conhece... e jamais vai conhecê-las. Além disso, também devemos admitir que "o que você conhece" é tão importante quanto "quem você conhece".

Com demasiada frequência, porém, confundimos "sorte" e "destino". Destino sugere que existe uma mão orientadora controlando não apenas nossos pensamentos, ações e comportamentos mas também, no limite, todas as coisas que nos acontecem ao longo da vida. Existem diversas religiões baseadas por inteiro nessa premissa. Nossos pensamentos neste livro são sobre a sorte que você pode criar e não sobre os "eventos" que teriam ocorrido independentemente do que você fez ou deixou de fazer, ou de estar em determinado lugar em determinado momento.

Os fatalistas falam sobre a sorte como se alguns de nós a tivessem inserida no DNA e outros não. Nós "nascemos sortudos" ou não. A aceitação cega de que seu destino decorreu do feliz encontro de um espermatozoide com um óvulo (e aqui tudo bem dizer que o ato efetivo de sua própria criação prende-se à definição "de velho estilo", tradicional, de sorte) e da consequente criação de um "você" predeterminado é francamente um dos moldes mentais mais nocivos que você pode levar consigo ao longo da vida.

Os fatalistas nunca estão errados. Se você pensa que o destino rege seu futuro – seja por causa dos talentos (ou falta deles) com que nasceu, seja porque a vida é uma sucessão de eventos além do seu controle –, sempre comprovará estar certo porque ficará sentado em uma poltrona confortável esperando que os eventos aconteçam com você. Eles vão controlá-lo porque você escolheu não os controlar.

Falando consigo mesmo

Alguns anos atrás ouvi uma brilhante variação de um velho ditado que desde então vem ressoando em minha mente. Ele afirma simplesmente:

"Paus e pedras podem quebrar meus ossos, mas palavras podem me causar danos permanentes".

Escutei essas palavras na MTV. Imagino que o músico que as pronunciou estava pensando em palavras faladas pelos outros para determinada pessoa. E ele estava certo. Mas o que nem sempre consideramos, e que pode ser ainda mais importante, são as palavras que nos dizemos sobre nós mesmos. Cada um de nós passa um tempo enorme conversando consigo mesmo. Essas conversações que se desenrolam em nossa cabeça o tempo todo – quando avaliamos por que certas coisas aconteceram conosco (ou não aconteceram), quem controlava o que aconteceu (ou não aconteceu) e por que reagimos de certo modo (ou simplesmente não reagimos) em diferentes situações – são muito importantes.

Essa narrativa chega ao cerne de *A Sorte como Hábito*. Boa parte deste livro é sobre escutar o seu DIL (diálogo interior lúcido) ou, se esse diálogo for no momento fatalista ou simplesmente reflexo de uma falta de confiança em si mesmo, a mudar o tom da narrativa que você tem consigo próprio. Há um exemplo de como o DIL pode trabalhar a seu favor no Capítulo 6, no qual examinamos habilidades na atuação em redes interpessoais, mas a ideia de ter uma conversação positiva dentro da própria cabeça percorre todo o livro.

Os Fatores da sorte

O primeiro capítulo deste livro contém um questionário que introduz 20 "Fatores da sorte" por meio de uma série de questões relacionadas entre si. Essas questões são concebidas para fazer você pensar sobre sua própria vida e a maneira pela qual a tem conduzido. Especificamente, essas questões vão colocar em primeiro plano experiências pessoais em relação às quais você poderá aplicar as ferramentas práticas e teóricas apresentadas neste livro.

O restante do livro é construído em torno desses 20 Fatores da sorte. São as coisas que se reúnem para criar seus Hábitos da sorte. Estão espalhadas ao longo de seis capítulos:

- ✤ **Capítulo 2 – O que impulsiona a sorte.** O capítulo diz respeito a como "sentir" o que é certo (e, naturalmente, não é certo) para você. Não faz sentido fazer algo com que você não sente afinidade.
- ✤ **Capítulo 3 – Aprender.** A aprendizagem começa com a humildade – "Não sei e não posso saber tudo" – mas também com grande energia – "... mas quero aprender tanto quanto possível". Seu desejo de aprender é a própria razão para você estar lendo este livro, e sem esse desejo de aprender você simplesmente não se desenvolveria e cresceria do modo que poderia.
- ✤ **Capítulo 4 – Desempenho.** Este capítulo examina como ter um desempenho além do nível de que você acreditava ser capaz, no trabalho, em casa ou nos momentos de lazer.
- ✤ **Capítulo 5 – Propósito.** Pode-se ter um plano de vida, objetivos de curto prazo ou viver momento a momento, mas a maioria das pessoas necessita de um certo grau de propósito em suas vidas.
- ✤ **Capítulo 6 – Pessoas.** Este capítulo cobre áreas específicas – criar uma rede interpessoal, construir credibilidade e lidar com pessoas difíceis. Trata-se de ver as pessoas como um foco central positivo em sua vida.

- **Capítulo 7 – Oportunidade.** Existem pessoas que consideramos afortunadas e que sempre parecem ser presenteadas com as mais gratificantes oportunidades na vida. Mas isso não é sorte. Elas próprias estão criando essas oportunidades, tanto pelo modo como pensam sobre a vida quanto por suas ações.

Os seis "sortudos"

Uma das coisas que me ajudaram em minha vida, e tenho certeza de que é igualmente verdadeiro para você, é saber que muitos dos obstáculos que encaramos não são tão diferentes dos obstáculos enfrentados por outras pessoas. Todos nós temos nossa própria versão dos problemas uns dos outros. Todos nós temos nossa própria versão das oportunidades recíprocas.

Para ajudá-lo a desenvolver os Hábitos da sorte, entrevistei seis pessoas que tiveram um desempenho excelente na vida. Elas não são necessariamente celebridades, mas são grandes exemplos de como as técnicas que você está prestes a aprender funcionam no mundo real. Aprenda um pouquinho sobre cada uma delas.

Jonathan Bond

"Você **pensa** que está se saindo bem. **Talvez não** esteja."

Jonathan é diretor de RH de uma importante firma de advogados do Reino Unido e ex-Diretor de RH do Ano da revista *The Lawyer*. Ele trabalhou para organizações globais nos mundos jurídico e financeiro. Jonathan gosta de citar um de seus colegas, que costuma dizer: "Se você for bem-sucedido, terá os seus críticos". Desenvolver uma pele calejada tem sido importante no abrasivo mundo das leis.

Por que Jonathan?
Jonathan encontra-se no meio de uma carreira bem-sucedida. Para ter êxito em sua vocação ele teve de se abrir para retornos em nível pessoal e, como dirige uma equipe de prestação de serviços internos, também tem de estar receptivo aos desejos e necessidades dos outros. Suas experiências foram um grande auxílio para moldar o Capítulo 3, "Aprender", e também o Capítulo 4, "Desempenho".

ADAM GEE

"Trabalhar em rede é um prazer."

Adam é um dos mais experientes responsáveis por projetos interativos multiplataformas da mídia do Reino Unido. Ele atualmente é editor comissionado multiplataformas (fatual) no Channel 4 em Londres. Seus projetos recentes incluem *The Big Fish Fight* com Hugh Fearney-Whittingstall, *Embarrassing Bodies*, *The Great British Property Scandal* e *Jamie's Dream School*.

Adam recebeu mais de 70 prêmios internacionais por suas produções – entre eles três BAFTAs, três prêmios RTS, dois prêmios Media Guardian Innovation, um prêmio Design Council Millenium e o Grande Prêmio no International Film and Television Festival de Nova York.

Ele serviu nos comitês de Television and Interactive Entertainment da BAFTA e é um membro votante da European Film Academy. Também é curador da Culture24 e conselheiro da The D Foundation e da revista *Disorder*.

Por que Adam?

Adam tem coisas importantes a dizer sobre pessoas e seu relacionamento com elas. Ele é um campeão de criatividade (dos outros, bem como da sua própria) e um formidável trabalhador em rede. Um aspecto crucial: ele não estabelece redes interpessoais em proveito próprio, ele trabalha em rede porque tem interesse pelas pessoas. Suas opiniões sobre o trabalho em rede são muito importantes no Capítulo 6, "Pessoas", bem como no Capítulo 4, "Desempenho", uma vez que ele tem uma ideia clara daquilo que o ajuda a realizar o previsto.

BERNICE MORAN

"Ouça o seu coração."

Tendo um pai que trabalhou para a Aer Lingus, não chega a surpreender que Bernice tenha desenvolvido desde muito jovem o amor pela aviação. Ela sonhava em voar e, depois de superar uma série de obstáculos, realizou o seu sonho, tornando-se a mais jovem piloto da Europa quando assumiu o manche para a Ryanair. O sonho continuou. Alimentando durante oito anos o desejo de trabalhar para a Virgin, ela atualmente voa em Boeings 747 para a Virgin Atlantic. Bernice não foi "sortuda": as passagens do livro mostram que ela precisou de determinação, trabalho duro e lucidez para chegar aonde está. Bernice é também empresária, dirigindo uma companhia que fornece confeitos e doces para ocasiões especiais.

Por que Bernice?

Bernice combinou com êxito dois elementos cruciais no desenvolvimento dos Hábitos da sorte – a capacidade de ouvir seu coração (o sonho de menina) e de combinar isso com o pensamento lúcido necessário para ajudá-la a alcançar um objetivo específico (como é mostrado no Capítulo 5, "Propósito").

Mo Nazam

"Eu podia ter desistido da brincadeira."

Mo Nazam é um guitarrista e professor de música de renome internacional. Ele esteve na vanguarda do renascimento do movimento de jazz britânico nos anos 1980, tocando com o grupo seminal Jazz Warriors, apresentando-se com muitos outros grupos e realizando trabalhos para artistas pop. Também se apresentou no Royal Festival Hall de Londres e em muitos outros eventos de primeira linha em todo o mundo. Atualmente está à frente do Berakah Project, que reúne músicos de diferentes culturas, crenças e formações musicais. Nos últimos tempos Mo tem sido um contribuinte regular da revista *Guitarist* e durante quase uma década foi orientador e líder do workshop musical para The Prince's Trust. Seu trabalho nessa área, bem como o fato de ter tocado para a Rainha e o Príncipe Charles como parte dos Macusi Players de Keith Waite, resultou no convite para um evento no palácio de Buckingham em 2005 para celebrar a contribuição da música na vida cultural do Reino Unido.

Por que Mo?

Mo trabalhou duro, muito duro para ser bom no que faz. Sofreu reveses – coisas que poderiam facilmente tê-lo afastado de seu primeiro amor –, mas permaneceu fiel a sua trajetória. Sua experiência em superar esses obstáculos é apresentada no Capítulo 3, "Aprender".

Michele Rigby

"Se eu reconhecesse que estava desmotivada faria algo a respeito. Seria como a morte em vida."

Michele é uma líder na promoção de empresas sociais – aqueles negócios fantásticos que combinam uma grande ideia comercial com o desejo de ajudar a sociedade. Em 1995 ela esteve entre os fundadores da Recycle-IT! – um negócio que empregou pessoas que teriam realmente sofrido para conseguir um trabalho em qualquer outro lugar.

Após dez anos como diretora administrativa da Recycle-IT!, Michele seguiu em frente para compartilhar seu conhecimento através de numerosas diretorias, estando entre os membros fundadores da RREUSE, uma rede de empresas sociais na indústria da reciclagem. Ela serviu no comitê executivo de sua fundação de 2001 a 2006. Também serviu no DTI Small Business Council, foi diretora de investimentos na People e CEO (executiva principal) da Social Enterprise East of England.

Atualmente, ela é a executiva principal da Social Firms UK, uma organização nacional de apoio a empresas filiadas, que existe para ampliar as oportunidades de emprego para pessoas que estão em desvantagem social e/ou incapacitadas.

A experiência de Michele informa sua visão lúcida acerca das necessidades das empresas sociais e sobre os rumos políticos que possibilitam e encorajam que as empresas sociais ocupem um espaço adequado no âmbito da economia nacional britânica, bem como sobre trazer novos meios para concretizar a mudança social. Ela é uma verdadeira "empresária social".

Por que Michele?

Michele teve de ser sensível a oportunidades dentro do contexto de sua área de trabalho. Suas experiências tiveram uma parte importante na construção do Capítulo 7, "Oportunidade".

Greg Searle, MBE

"Quando eu desafio agora, eu sei escolher."

O sucesso como remador chegou rápido para Greg Searle. Depois de ser campeão mundial júnior em 1989 e 1990, em 1992 (aos 20 anos de idade), tornou-se campeão olímpico, ao lado do irmão Jonny e do timoneiro Garry Herbert, na prova de dois com timoneiro. O sucesso continuou. Greg foi campeão mundial novamente em 1993, ganhou medalhas em campeonatos mundiais posteriores e o bronze nos Jogos Olímpicos de 1996. E então talvez tenha vindo um momento divisor de águas nas Olimpíadas do ano 2000, quando, esperando conquistar uma medalha e talvez o ouro, ele e seu companheiro de barco Ed Coode chegaram na quarta posição. Refletindo sobre isso, ele diz: "As coisas podem não correr do jeito que eu quero. Não sou à prova de balas, posso ser abatido. Foi uma lição importante".

Depois de remar por mais algum tempo, Greg seguiu um caminho diferente e passou um ano com o *GBR Challenge* no evento de iatismo da America's Cup. Depois de 2002, o esporte de competição passou a desempenhar um papel menor em sua vida até 2009, quando, estimulado pela ideia de os Jogos Olímpicos de 2012 ocorrerem em Londres, ele voltou à ativa, recuperou a forma e ganhou um lugar no oito de remadores britânico para competir nos jogos. Ele fez isso aos 40 anos, muito além da idade com que, nos esportes fisicamente exigentes, a grande maioria teria a expectativa de ter êxito como atleta de categoria mundial. Ele e sua equipe conquistaram sucessivas medalhas de prata nos campeonatos mundiais de 2010 e 2011 e seguiram em frente rumo a 2012...

Por que Greg?

Greg ganhou uma medalha de ouro quando era muito jovem e impetuoso. Ele ainda compete em nível de elite, mas a ingenuidade desapareceu e foi substituída pela sabedoria. Seu sucesso em nível de elite por um período de 20 anos deu-lhe tanto um alto grau de autoconsciência (o que fornece um *input* vital no Capítulo 4, "Desempenho"), quanto a excelência em operar com um grupo de pessoas das quais ele é totalmente dependente (aspecto que é aprofundado no Capítulo 6, "Pessoas").

Os Fatores da sorte

"É claro que 'a sorte' entra nisso – tudo é parte da 'loteria'. Mas é importante ter consciência de que, se você prepara adequadamente o terreno, faz o melhor possível e presta atenção nos detalhes, dá a si mesmo as melhores chances de sucesso e de ser abençoado com aquela sorte."

ADAM

No mundo de *Hábitos da sorte*, vemos a sorte não como uma espécie de dádiva mítica dos deuses do destino, mas como algo que você cria. Ao aprender sobre as coisas que dão suporte a essa mais concretizável definição de sorte, você vai se colocar na posição de se tornar a pessoa mais afortunada que conhece.

Os 20 Fatores da sorte

A sorte é criada por meio de uma série diversificada de ferramentas que eu chamo de Fatores da sorte. Eles são a espinha dorsal deste livro. Para apresentá-los, desenvolvi o questionário apresentado em seguida neste capítulo, que vai ajudá-lo a ligar cada Fator da sorte com a sua própria vida. Isso é importante porque você vai considerar este livro uma experiência muito mais rica e gratificante se puder relacionar o que é dito com sua experiência pessoal.

O questionário dos Hábitos da sorte

Examine as declarações ligadas a cada Fator da sorte. No caso da maioria delas você precisa simplesmente dizer sim ou não, embora as primeiras duas exijam que você produza listas curtas. Algumas declarações são fatuais e fáceis de responder, enquanto outras podem exigir um raciocínio um pouco mais elaborado. À medida que você avançar, vai aprender mais acerca das relações entre essas declarações e cada um dos Fatores da sorte.

Alguns conselhos iniciais:

- Seja honesto nas respostas – não se entregue a pensamentos mesclados de desejos.
- Um exercício ainda mais poderoso consiste em relacionar sua resposta a uma experiência específica na sua vida. Talvez você considere útil fazer uma nota daquela experiência junto à declaração. Use essas experiências como referência quando for ler sobre cada Fator da sorte mais detalhadamente, nos capítulos seguintes.
- Se no momento você estiver considerando a vida particularmente boa ou particularmente difícil, isso poderá interferir nas suas respostas, não refletindo muito a sua vida normal. Então, é importante ter isso em mente e encontrar a resposta que representa sua vida em linhas gerais.

Agora, vamos explorar os 20 Fatores da sorte.

O que impulsiona a sorte

Fator da sorte 1 – Saber o que importa para você

O primeiro passo para criar seus Hábitos da sorte consiste em alcançar a compreensão de quem você é e do que é importante para você. O desenvolvimento da percepção de si possibilita focalizar seu tempo e energia nas coisas que são importantes, tanto no trabalho quanto no lazer. E esse foco e essa energia vão impulsioná-lo para níveis cada vez mais altos de sucesso.

1 Liste as coisas de que você mais gosta em seu trabalho:

2 Agora, liste as coisas de que você gosta como hobby, passatempo ou ocupação paralela ao trabalho:

Qual é o lance?

Foi fácil responder as perguntas? Você achou mais fácil fazer a segunda lista do que a primeira? Pensar sobre as coisas de que você gosta tanto no trabalho quanto em casa é um meio simples mas efetivo de focalizar as coisas importantes para você. Talvez você não possa transformar um hobby em trabalho, mas, se tiver um impulso real de energia ao superar um novo desafio nesse hobby, também poderá ser capaz de encontrar meios para replicar essa sensação em sua vida profissional.

Fator da sorte 2 – Sentir-se impetuoso e vivo

Se alguma coisa tiver significado pessoal, você achará mais fácil sintonizar-se com ela e ficará mais estimulado pelas possibilidades que ela oferece. Você provavelmente notou que, quando está envolvido com alguma coisa, sua imaginação se abre, oportunidades se apresentam por si mesmas e o tempo parece voar. Esse engajamento cria um estímulo. Você torna-se mais sensível ao que está ao seu redor e vê oportunidades onde os outros não veem, isso porque, muito simplesmente, você *quer* isso.

1 Pelo menos três dias em cinco eu gosto de estar no trabalho.

SIM NÃO

Qual é o lance?

Os Hábitos da sorte florescem quando você está envolvido emocional e intelectualmente com o que está fazendo, em vez de estar distanciado. Você vê mais porque deseja ver mais. A adversidade pode despertar o melhor em você, o tédio no trabalho não pode fazê-lo.

2 Às vezes senti que havia coisas demais acontecendo em minha vida, mas ainda assim eu me sentia melhor do que nas ocasiões em que nada parecia acontecer.

SIM NÃO

Qual é o lance?

Conhecer a diferença entre estar conectado ou desconectado do mundo – e preferir estar conectado – pode ter seu lado negativo quando tudo acontece ao mesmo tempo. Mas a sensação "de estar vivo" que experimentamos nesse estado é essencial para uma vida feliz e plena.

3 A vida é curta demais para simplesmente passarmos distraídos.

SIM NÃO

Qual é o lance?

O.k. – não tão específico, eu sei, mas você percebe o significado por trás dessa declaração? À medida que os anos desgastam a linha de produção, você poderia dizer, de repente: "O que foi isso?" E a resposta seria: "Isso foi a sua vida, meu amigo". A questão é não se deixar levar. Sofá, comida entregue em casa e televisão são ótimos uma vez por semana, mas podem facilmente tornar-se um hábito. Não permita que boa parte da sua vida desapareça na banalidade do "mero existir".

Fator da sorte 3 – Posso fazer, quero fazer

O sucesso na vida é impulsionado por uma combinação de conhecimentos e habilidades – posso fazer – e motivação – quero fazer. Um alimenta o outro, embora tudo comece com a chama interior da motivação, que o leva a ter o necessário comprometimento com a ação que os Hábitos da sorte requerem acima de tudo.

1 Só estou trabalhando para poder receber minha aposentadoria.

SIM NÃO

Qual é o lance?

Se isso é tudo o que você quer, será provavelmente tudo o que vai receber. Despender 80-100 mil horas no trabalho durante sua vida é um tempo terrivelmente longo para ser gasto apenas com isso. Os indivíduos que agem psicologicamente como se já estivessem aposentados não tendem a obter muito de seu trabalho. Encontrar razões para se levantar da cama de manhã vai ajudá-lo a ressignificar seu trabalho, além de abrir seus olhos para as oportunidades oferecidas nele – que com certeza vão além das motivações financeiras. Você pode estar "psicologicamente aposentado" aos 25 anos de idade... e, naturalmente, muitas pessoas incríveis jamais estarão, tenham a idade que tiverem.

2 Sinto que preciso continuar aprendendo nos próximos dois anos para conservar meu desempenho no nível máximo.

SIM NÃO

Qual é o lance?

Os indivíduos de mais sorte jamais veem como uma humilhação o fato de continuarem a aprender, qualquer que seja a idade deles. Reconhecem que seus conhecimentos e habilidades sempre necessitam de atualização.

Aprender

Fator da sorte 4 – O fracasso é bom

O fracasso é uma parte necessária da vida. Toda e qualquer derrota não apenas tem lições a lhe ensinar sobre o porquê de ter falhado, mas também aponta como sua resposta pode conduzir a um sucesso maior, caso esteja disposto a aprender as lições que ela tem a ensinar.

1 Penso que o passado é para aprender e o futuro é para viver.

SIM NÃO

Qual é o lance?

Todos nós fracassamos, o tempo todo, mas (como ensina o capítulo 3), sem o fracasso o sucesso não é uma opção. As pessoas com os Hábitos da sorte parecem compreender que o fracasso é uma trilha necessária para o sucesso, e não uma prova definitiva de que você não é agora, e jamais será, bom o suficiente. É muito fácil ficar paralisado pelos insucessos do passado e deixar de vislumbrar as possibilidades do futuro. Pense em um exemplo pessoal seu, algo em que, de início, você parecia carecer da habilidade básica, mas no qual depois conseguiu obter um bom nível graças a uma prática com propósito e persistência. Talvez um hobby que tenha adotado quando mais jovem? Lembre-se, também, de que, quanto melhor você for em alguma coisa, mais oportunidades se abrirão para torná-lo ainda melhor.

2 Fracassei em certas coisas mais de uma vez (por exemplo, no exame de habilitação).

SIM NÃO

Qual é o lance?

Se você deseja efetivamente fazer alguma coisa, pode suportar qualquer quantidade de fracasso para conquistar êxito. Você provavelmente já passou por isso pelo menos uma vez na vida. Onde mais você pode aplicar esse padrão mental libertador?

Fator da sorte 5 – Conhecendo sua capacidade

Então, além do seu atual conjunto de habilidades, você sabe do que mais poderia ser capaz? É muito fácil ficar empacado com um conjunto bonitinho e confortável de competências e perder a curiosidade para buscar novas capacidades. Mas nesse caminho jazem a estagnação e o tédio, e suas capacidades vão se tornar cada vez mais irrelevantes à medida que o mundo segue em frente. Para ter sorte, você tem de ser curioso e experimentar coisas novas. Caso contrário, jamais saberá do que mais é capaz de fazer.

1 Posso lembrar de uma ocasião em que tentei algo novo e fiquei surpreso, pois me saí melhor do que imaginava.

SIM NÃO

Qual é o lance?

Isso não ocorre por causa daquela desculpa fatalista para o sucesso – sorte de principiante. Você teve êxito porque é capaz de ter êxito, não por causa de alguma noção mística de que o Deus da Sorte de Principiante calhou de estar enviando luz sobre você naquele momento.

2 Se eu pensar nas coisas que consigo fazer agora, acho que a pessoa que eu era no passado (de cinco a dez anos atrás) ficaria agradavelmente surpresa.

SIM NÃO

Qual é o lance?

É claro que avanços e sucessos são importantes para a construção da confiança, mas também fornecem um registro comprovável de que todos podemos ter um desempenho melhor do que poderíamos ter imaginado anteriormente.

Fator da sorte 6 – Estar aberto para feedback

Seja em forma de elogio ou crítica, um retorno (feedback) é uma dádiva: só depende de você o que fazer com ele. Em vez de instantaneamente aceitar ou rejeitar o que foi dito pela outra pessoa, ou se comprometer com ações mal planejadas, dedique algum tempo para considerar o feedback e escolher a melhor resposta e o melhor caminho de ação.

1 Eu me ressenti com um feedback mas, em retrospectiva, vejo claramente que a pessoa tinha as razões dela.

SIM NÃO

Qual é o lance?

Ouvir coisas sobre si mesmo que o surpreendem, ou que você já sabia mas não imaginava que alguém lhe falaria na cara, pode produzir uma reação emocional instantânea do tipo: "Não concordo". O segredo é jamais tomar o feedback em termos pessoais (ainda que ele tenha sido dado assim).

2 Às vezes fico embaraçado quando as pessoas me elogiam.

SIM NÃO

Qual é o lance?

Isso é surpreendentemente comum. Você já se flagrou dizendo "Ora, não foi nada" quando fez algo bem-feito? Não descarte o elogio. Você pode apreciá-lo e recordar como cumpriu a tarefa, pois o sucesso é um professor tão valioso quanto o fracasso.

Fator da sorte 7 – Moldando sua aprendizagem

Algumas pessoas veem o sucesso dos outros como uma razão para derrubar a própria confiança. Mas não há motivo para isso, você pode pensar: "Eles são bons, então não há razão para eu não ser igualmente bom".

1 Gosto de ver os outros tendo sucesso e lembro-me de uma ocasião em que usei o êxito alheio para me motivar.

SIM NÃO

Qual é o lance?

Você tem ciúme do sucesso dos outros? "Por que ele e não eu"? O ciúme pode ser uma resposta emocional paralisante. A excelência dos outros deve ser para você um fator de motivação, e não de diminuição. Você pode usá-la como um estímulo para seus próprios empreendimentos – uma demonstração da arte do possível: "É ótimo ver que ela está indo bem. O que ela está fazendo de certo que eu não estou?".

As duas declarações seguintes referem-se a um aspecto particular da aprendizagem – o que chamo de "inteligência humilde":

2 Posso me lembrar de um exemplo específico, dos últimos seis meses, em que falei para alguém (quando eu não sabia ou não compreendia alguma coisa): "Não sei isso, você pode me explicar?".

SIM NÃO

Qual é o lance?

É mais fácil dizer “não sei” a si mesmo do que aos outros, mas algumas pessoas não dão sequer esse passo. Se você não estiver preparado para admitir que não sabe alguma coisa, não terá curiosidade para ir em busca da resposta e ganhar mais conhecimento.

3 Se eu não conhecer alguma coisa, vou direto para a internet, consulto um livro etc. Ou, então, pergunto a alguém.

SIM NÃO

Qual é o lance?

Você racionaliza isso como: “Não sei a resposta, portanto sou burro” (isto é, vitimiza-se, agravando sua baixa autoestima). Ou pensou: “Não sei a resposta, pois não posso saber tudo (ser sabichão seria um tédio), mas quero descobrir”? Em outras palavras, a inteligência diz respeito a uma disposição para compreender, e não a uma visão míope sobre seu intelecto inferior ou superior.

As pessoas mais inteligentes também podem ser as mais limitadas. Algumas dessas pessoas racionalizam o mundo como: “Sou inteligente, portanto estou certo”. Isso é uma enorme barreira. Ela pode começar no final da adolescência, por volta dos 18 anos, quando rapazes e moças inteligentes que já formaram sua visão de mundo acham muito difícil mudar de ideia mais tarde na vida.

Fator da sorte 8 – Transformando o medo em realização

Este Fator da sorte diz respeito a transformar a "ansiedade por antecipação" – o desconforto ou receio acerca de um evento vindouro – em uma experiência vitoriosa. O modo como você faz seu diálogo interior para entrar ou sair de uma experiência potencialmente positiva é o que interessa aqui.

1 Fico muito nervoso acerca de uma experiência futura – por exemplo, ter de "circular e confraternizar" em um ambiente onde não conheço todo mundo, ou ter de fazer uma apresentação em público.

SIM NÃO

2 Posso pensar em um tempo em que, embora estivesse ansioso sobre uma experiência vindoura, ela não foi tão ruim quanto eu imaginei que seria. (Mais uma vez: você pode pensar em alguma experiência específica?)

SIM NÃO

Qual é o lance?

Todos nós temos medos individuais. Com frequência esses medos tornam-se profecias autorrealizáveis. Você sente-se ansioso por causa de alguma coisa, seu diálogo interior torna-o ainda mais ansioso sobre o assunto e a ansiedade interfere no seu comportamento. Por vezes também é fácil generalizar – por exemplo, será que toda experiência de "circular e confraternizar" ou toda apresentação em público foi realmente terrível? Aposto que não. Então, o que fez as boas experiências funcionarem?

Desempenho

Fator da sorte 9 – Trabalho duro

Gente preguiçosa não tem os Hábitos da sorte. Mas não se trata apenas de suar a camisa. As pessoas de melhor desempenho sabem quando precisam focalizar seus esforços para ter o máximo de resultados. Elas criam um senso de propósito por trás do trabalho duro e o praticam continuamente para melhorar seu desempenho.

1 Tenho consciência das coisas para as quais tenho talento e das coisas para as quais não tenho.

SIM NÃO

Qual é o lance?

Se você confia apenas no talento para ter êxito, está deixando o destino (as dádivas de berço) controlá-lo. Pessoas bem-sucedidas sabem que, embora o talento possa colaborar, o que faz a diferença é o trabalho duro.

2 Se eu quiser ser bom em alguma coisa terei de praticar.

SIM NÃO

Qual é o lance?

Portanto, aprofundando o último aspecto, o que faz a diferença é o trabalho duro combinado com a prática. O talento é limitado, o trabalho duro unido à prática, não.

Fator da sorte 10 – Qual é o ponto?

Numa colocação simples, esse Fator da sorte diz respeito a compreender o valor que você acrescenta e o que você está aqui para fazer.

1 Quando penso em um grupo do qual faço parte (por exemplo, uma equipe de trabalho ou esportiva), tenho clareza sobre o que acrescento de positivo ao grupo.

SIM NÃO

Qual é o lance?

Fazemos parte de um grupo porque levamos habilidades específicas para ele. Por exemplo, a posição efetiva em que você joga no time ou seu conhecimento técnico sobre o trabalho que desempenha. Você também traz habilidades menos tangíveis – tem boas ideias, é alguém centrado nas relações sociais, um líder?

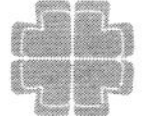

2 Sem esquentar muito a cabeça, sei o que os outros querem de mim quando estou trabalhando com eles (seja na minha equipe de trabalho, com meus clientes ou mesmo com pessoas que conheço por meio de atividades sociais, esportivas ou hobbies).

SIM NÃO

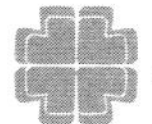

Qual é o lance?

As pessoas de mais êxito têm clareza sobre o que elas fazem ou oferecem – o "ponto" pessoal do desempenho. No trabalho, isso não deveria estar confinado à rigidez da descrição de funções. O que você acha que deveria estar fazendo para apresentar um desempenho de excelência?

Fator da sorte 11 – Pensando sem pensar

Este Fator da sorte diz respeito a sua trajetória rumo a um pensamento mais aberto e às condições em que você tem suas melhores ideias. Trata-se de reduzir a velocidade da sua mente para permitir que seus melhores pensamentos o alcancem.

1 Sei quando tenho minhas melhores ideias. Posso fazer agora uma lista rápida dessas ocasiões.

SIM NÃO

Qual é o lance?

Costumamos ter as melhores ideias quando não estamos pensando conscientemente sobre um problema. Na verdade, muitos de nós têm suas melhores ideias quando estão no chuveiro, ou caminhando, ou nadando. Em outras palavras, quando o cérebro está relaxado.

2 Anoto minhas ideias – até mesmo às 3h da madrugada.

SIM NÃO

Qual é o lance?

Suas ideias são devaneios ou fantasias facilmente esquecidos, ou você as encara com seriedade? Com seriedade suficiente para querer capturá-las? Um amigo meu certa vez instalou uma lousa em sua ducha para que pudesse registrar seus pensamentos enquanto seu cérebro relaxava e entrava no modo "resolução de problemas". Juro!

3 Quando faço uma pesquisa no Google, dou uma olhada na página 20 ou na página 30 das respostas da pesquisa por uma questão de hábito.

SIM NÃO

Qual é o lance?

O ponto aqui é que muitos de nós procuram coisas óbvias em lugares óbvios – os lugares nos quais todos os outros estão procurando. No Google, as respostas mais diretas e literais vêm nas primeiras duas páginas; muitas das respostas realmente interessantes estão nas páginas subsequentes. Então, a pergunta é: "Você procura coisas interessantes em lugares estranhos ou diferentes?"

Fator da sorte 12 – Conservando o frescor

Focalizar incessantemente uma única coisa vai torná-lo vesgo: você rapidamente verificará que ficou esgotado e vazio. As pessoas de sorte são curiosas – elas saem à caça de novas experiências e de maneiras diferentes para fazer a mesma coisa, conservando o frescor do pensamento.

1 Tive "férias em casa" nos últimos 12 meses (se você não compreendeu a declaração, marque não).

SIM NÃO

Qual é o lance?

A familiaridade com a redondeza o leva a considerar a vizinhança como algo sem surpresas, o que resulta em não perceber o que esses arredores têm a oferecer. Isso se aplica igualmente ao trabalho e, claro, também às férias. Para enxergar seu ambiente de novas maneiras, torne-se um turista do próprio bairro.

2 Posso lembrar-me claramente da *última vez* em que fiz alguma coisa pela *primeira vez* (se uma resposta não vier para você em 10 segundos, marque não).

SIM NÃO

Qual é o lance?

A disposição para tentar coisas novas está no cerne da busca de oportunidades e, portanto, dos Hábitos da sorte. Mas isso é um pouco mais do que boa vontade. Também diz respeito a experiências novas e de primeira vez. É o passo seguinte a partir do ponto feito nas questões anteriores.

3 Tento fazer diferentes trajetos para o trabalho – até ocasionalmente.

SIM NÃO

Qual é o lance?

Seguir um caminho diferente para o trabalho é um pequeno passo para você quebrar a rotina. Há muitos outros modos: você pode não apenas fazer um trajeto diferente, mas também utilizar outro meio de transporte. A quebra de rotinas vai ajudá-lo a conservar o frescor do pensamento e de si próprio.

4 Tentar coisas novas me dá "uma sensação de estar vivo" – é isso que a vida significa.

SIM NÃO

Qual é o lance?

Tudo bem em não querer fazer isso: muita gente gosta de estabilidade e rotina. Mas os Hábitos da sorte necessitam de pro-atividade e pelo menos de uma pitada de espírito de aventura.

Propósito

Fator da sorte 13 – Ter objetivos definidores da vida

É claro que todos os Fatores da sorte são opcionais, mas este é provavelmente mais opcional que os outros. Algumas pessoas se energizam com planos de vida e grandes metas – uma de nossas entrevistadas, Bernice Moran, buscou um objetivo de vida durante quase 30 anos. Outras consideram que isso não é adequado e preferem um pensamento de curto prazo ou mesmo, como veremos no Fator da sorte 15, "viver o momento". Não há uma resposta certa. Se os grandes objetivos não forem motivadores para você, não se incomode com eles. Se o grande projeto de vida for correto para você, maravilha. Então, aqui, a autoconsciência é requerida.

1 Eu tinha um plano de vida antes dos 20 anos de idade.

SIM NÃO

2 Tive um plano de vida em certas etapas da minha vida e, embora eu não o seguisse até o fim, ele me forneceu orientação durante algum tempo.

SIM NÃO

Qual é o lance?

Algumas pessoas de fato têm um plano de vida desenvolvido antes dos 20 anos e o seguem até o fim. Muitos de nós, porém, podemos ter tido sonhos ou fantasias antes dessa idade que permaneceram como sonhos: não tomamos atitudes para concretizá-los. A ação usualmente exige um raciocínio claro – o desenvolvimento de uma estratégia de longo prazo para alcançar as grandes metas. Contudo, assim como os objetivos de curto prazo do Fator da sorte 14, o grande plano de vida pode fornecer propósito para algumas pessoas.

Fator da sorte 14 – Ter um horizonte

Pode ser difícil motivar os grandes objetivos da vida se o ápice da realização estiver muito distante no futuro. Objetivos de curto prazo fornecem meios instantaneamente acessíveis para criar propósito e monitorar o progresso. Daí o nome deste Fator da sorte ser "Ter um horizonte".

1 Tracei objetivos de curto prazo para me ajudar a melhorar. (Você consegue pensar em um exemplo específico de quando fez isso nos últimos 12 meses?)

SIM NÃO

Qual é o lance?

Estabelecer metas de curto prazo torna as grandes coisas administráveis. Esses marcos são também um grande meio de monitorar o progresso.

2 Sei o que é preciso para me estimular mentalmente e garanto ter projetos à minha frente para proporcionar esse estímulo.

SIM NÃO

Qual é o lance?

Metas de curto prazo são ótimas, mas devem ter significado para você.

Fator da sorte 15 – Viver o momento

Este Fator da sorte 15 não se destina a ser uma filosofia total para a vida, mas deveria ser parte dela. Ele sugere que há ocasiões em que deveríamos ser dirigidos pelo coração, e não pela mente analítica.

1 Regularmente faço uma pausa e penso nas coisas que apreciei no dia, bem como nos problemas.

SIM NÃO

Qual é o lance?

É fácil esquecer os prazeres simples – ou até mesmo não notá-los – quando você está enrolado com outra coisa.

2 Às vezes ajo impulsivamente.

SIM NÃO

Qual é o lance?

Momentos de espontaneidade são uma parte crucial da vida. Mesmo com as abordagens de pensamento sistemático sugeridas neste livro, rigidez excessiva significa perder oportunidades e diversão.

Pessoas

Fator da sorte 16 – Comportamento gera comportamento

Há sempre pessoas com que não simpatizamos de início, mas no final aprendemos a nos relacionar com elas. Também existem pessoas com que jamais conseguimos nos relacionar. Mas há coisas que podemos fazer para conservar o segundo grupo tão pequeno quanto possível. Seu bom comportamento lhe dá a melhor chance de isso ter reciprocidade.

1 Posso pensar em algumas pessoas que conheci e que não suporto. Eu não conseguiria trabalhar com elas de modo algum.

SIM NÃO

2 Posso pensar em algumas pessoas na minha vida que, embora eu não gostasse particularmente delas, aprendi a tolerar.

SIM NÃO

Qual é o lance?

Alguns parecem ter mais pessoas que "não conseguem suportar" do que outras. Talvez esse tipo de gente precise retificar seu estilo pessoal, em vez de apontar o dedo para os outros.

Fator da sorte 17 – Atuando em redes interpessoais

Este Fator da sorte diz respeito à construção de redes interpessoais com a melhor das intenções. É sobre ver o trabalho em rede como um prazer, e não como algo que você só faz para tirar proveito. A declaração 3 a seguir é um bom indicador dessa prática saudável.

1 Eu me esforço para cultivar uma rede de contatos – e não apenas contatos via Linkedin.

SIM NÃO

Qual é o lance?

O Linkedin é bacana, mas pode ser uma ferramenta de rede social muito passiva, a não ser que você seja um usuário realmente ativo. É bom ter uma lista de contatos próximos, mas um bom trabalhador em rede também pensará em contatos com quem o relacionamento pode ser desenvolvido e com pessoas que ele mal conhece. Com frequência isso significa um contato cara a cara.

2 Eu não abro mão de amigos e contatos – se eu estiver na vizinhança vou procurá-los, mesmo se fizer séculos que não os vejo.

SIM NÃO

Qual é o lance?

Recebi essa dica de Adam – um dos entrevistados neste livro e um mestre de atuação em redes. Fazer muito tempo que você não vê alguém não deve ser uma desculpa para abrir mão dos relacionamentos antigos.

3 Gosto de reunir pessoas que acho que poderiam ajudar umas às outras.

SIM NÃO

Qual é o lance?

Isso é importante porque ações como essa mostram que você participa de redes para ajudar os outros e não apenas para obter resultados rápidos que o beneficiam exclusivamente. Na verdade, esse tipo de participação em rede gera recompensas a longo prazo, porque as pessoas se lembram do que você fez.

Fator da sorte 18 – Influenciando

Reputação e confiança são duas das principais fontes de influência disponíveis para você. Muitas pessoas mais efetivas têm de conseguir resultados das pessoas e, para isso, precisam exercer influência. Este Fator da sorte mostra como cultivar essa influência.

1 Tenho clareza sobre o meu tipo de reputação e por que tenho essa reputação.

SIM NÃO

Qual é o lance?

Algumas pessoas são muito precisas sobre a reputação delas, outras estão completamente equivocadas (e, claro, pensam que estão muito certas). Mas é evidente que a reputação – e com esse termo refiro-me a uma boa reputação, em vez de uma reputação notória – é um recurso importante para ter influência, persuadir e negociar.

2 Costumo usar as palavras "Confie em mim" nas conversas.

SIM NÃO

Qual é o lance?

A confiança é uma fonte importante de poder e influência para você. Leva tempo para construir isso. Se alguém usa as palavras "Confie em mim" como um recurso para me influenciar, tenho automaticamente suspeitas das razões pelas quais está me dizendo isso. Aqueles que exercem uma influência real não precisam lembrar ninguém da fonte daquela influência.

Fator da sorte 19 – Compartilhando o sucesso

Isso diz respeito à atmosfera entre você e os outros e às três coisas muito simples que você pode fazer para criar uma atmosfera melhor: elogiar, agradecer e celebrar o sucesso.

1 Dei parabéns a alguém pelo seu sucesso nos últimos três meses.

SIM NÃO

Qual é o lance?

As pessoas sentem angústia acerca de problemas e fracassos – se você trabalhar em um escritório, vai achar que as reuniões são só sobre isso – e não lutam suficientemente pelo sucesso. Tecer comentários sobre o sucesso dos outros é um meio muito saudável de construir um relacionamento: as pessoas gostam de ver que você as notou.

2 Faço questão de agradecer a alguém por alguma coisa que ele tenha feito por mim nos últimos sete dias.

SIM NÃO

Qual é o lance?

Agradecimentos e louvores são um ótimo meio de fazer as pessoas se sentirem bem (bem como um motivador primordial), assim nos lembramos das pessoas que nos notaram. Mas quanto mais convivemos com as mesmas pessoas, mais tendemos a considerá-las sem surpresas, como algo já estabelecido. Reserve um tempo para recordar.

Oportunidade

Fator da sorte 20 – Identificando oportunidades

Quem tem os Hábitos da sorte não espera que as oportunidades surjam por acaso. Essas pessoas são ativas em construí-las para si mesmas e estão ligadas para tirar vantagem das oportunidades no momento em que aparecerem.

1 Vejo múltiplas opções em qualquer situação dada, em vez da perfeita "única resposta certa".

SIM NÃO

Qual é o lance?

Enquanto seres humanos, temos a tendência a buscar a resposta cognitiva perfeita – a única resposta certa, que muitas vezes é também a mais óbvia. Mas normalmente há muitas possibilidades e, portanto, muitas respostas certas.

2 Lembro de uma ocasião em que alguém riu de uma ideia minha nos últimos 12 meses.

SIM NÃO

Qual é o lance?

A maioria de nós não gosta de situações embaraçosas. Por outro lado, como ensina o truísmo, só os tolos nunca parecem tolos. O riso das outras pessoas pode ser um reflexo da própria carência delas para apreciar um *insight* criativo, e não uma reação a sua tolice – ou talvez elas apenas amem o seu espírito brincalhão. Divirta-se com esse aspecto lúdico da sua imaginação aberta. Identificadores de oportunidades têm a pele calejada: a ideia risível de hoje é a história de sucesso de amanhã.

3 Sei qual é o ponto mais alto em minha cidade – e estive lá!

SIM NÃO

Qual é o lance?

Você consegue ver ao redor – tanto espaços físicos quanto psicológicos – de diferentes maneiras? Essa é realmente uma pergunta que envolve sua curiosidade. Identificadores de oportunidades fazem perguntas do tipo: "Como posso fazer isso melhor, mais barato, mais rápido, de modo diferente?"

4 Se nada parece acontecer, faço alguma coisa acontecer.

SIM NÃO

Qual é o lance?

O empresário e boxeador George Foreman declarou certa vez que, em sua opinião, "nada" poderia abalá-lo. Os identificadores de oportunidades raras vezes estão satisfeitos com o confortável *statu quo*.

5 Olho "para o céu" quando caminho pela rua e não apenas para as coisas ao nível dos olhos.

SIM NÃO

Qual é o lance?

Trata-se de uma metáfora sobre a importância de "alargar o olhar". Na verdade, não é apenas uma metáfora: você de fato vê coisas grandiosas quando olha para cima e também ao nível dos olhos. As possibilidades – é isso que as oportunidades são – são muitas se você estiver preparado para focalizar diferentes locais para encontrá-las.

6 Lembro-me de um momento na minha vida em que tomei uma decisão de enorme impacto porque dava a sensação de ser a coisa certa a fazer.

SIM NÃO

Qual é o lance?

Há perigo neste ponto: nossos sentimentos podem contaminar uma boa tomada de decisões. Mas como princípio é verdade que existem ocasiões nas quais as oportunidades são tão fugazes que não temos tempo para uma contemplação metódica. Às vezes vale a pena ouvir seu coração, bem como sua cabeça. Quando trabalho com grupos para ajudá-los a tomar decisões melhores, é interessante verificar quantas pessoas dizem que essas rápidas decisões por vezes estão entre as melhores que já tomaram. E, de qualquer modo, é melhor agir com base em uma decisão em que você está emocionalmente comprometido do que em uma decisão racionalmente pensada a fundo, mas pela qual não há um impulso emocional.

Os 20 Fatores da sorte

Então, segue-se a lista de todos os 20 Fatores da sorte:

- **O que impulsiona a sorte**
  - Fator da sorte 1 – Saber o que importa para você
  - Fator da sorte 2 – Sentir-se impetuoso e vivo
  - Fator da sorte 3 – Posso fazer, quero fazer
- **Aprender**
  - Fator da sorte 4 – O fracasso é bom
  - Fator da sorte 5 – Conhecendo sua capacidade
  - Fator da sorte 6 – Estar aberto para feedback
  - Fator da sorte 7 – Moldando sua aprendizagem
  - Fator da sorte 8 – Transformando o medo em realização
- **Desempenho**
  - Fator da sorte 9 – Trabalho duro
  - Fator da sorte 10 – Qual é o ponto?
  - Fator da sorte 11 – Pensando sem pensar
  - Fator da sorte 12 – Conservando o frescor
- **Propósito**
  - Fator da sorte 13 – Ter objetivos definidores da vida
  - Fator da sorte 14 – Ter um horizonte
  - Fator da sorte 15 – Viver o momento
- **Pessoas**
  - Fator da sorte 16 – Comportamento gera comportamento
  - Fator da sorte 17 – Atuando em redes interpessoais
  - Fator da sorte 18 – Influenciando
  - Fator da sorte 19 – Compartilhando o sucesso
- **Oportunidade**
  - Fator da sorte 20 – Identificando oportunidades

O que impulsiona a sorte

O que vou **fazer agora**, aprender a jogar golfe?...
Quero me **sentir** como costumava me sentir,
impetuoso e **vivo**.

(DEL-BOY, DA SÉRIE HUMORÍSTICA
ONLY FOOLS AND HORSES, DA BBC)

Fatores da sorte neste capítulo:

Fator da sorte 1 – Saber o que importa para você
Fator da sorte 2 – Sentir-se impetuoso e vivo
Fator da sorte 3 – Posso fazer, quero fazer

Com frequência, as comédias na televisão são engraçadas porque as falas nos revelam muito sobre nós mesmos. Dissemos ou já fizemos algumas das coisas que observamos e podemos rir do ridículo que é. Às vezes, porém, esses diálogos podem dizer muito além.

Na clássica *sitcom* (comédia de situação) britânica *Only Fools and Horses,* o personagem principal Del-Boy, um esforçado vendedor de rua que vende mercadorias "garibadas" levadas em uma maleta, torna-se repentinamente, com seu irmão, um multimilionário graças ao leilão de um raro relógio de bolso do século XVIII que havia ficado jogado na garagem porque os dois pensaram que era um medidor vitoriano para cozinhar ovos. Assim, ele não precisa mais trabalhar. Com toda essa riqueza repentina, Del-Boy está lutando para definir o que está faltando em sua vida. Em um momento comovente, diz ao irmão: "O que vou fazer agora, aprender a jogar golfe?... Quero me sentir como costumava me sentir, impetuoso e vivo".

Você não pode ter sucesso no trabalho ou na vida se não tiver essa sensação de impetuosidade e de estar vivo. Ela vem de você se ocupar e decidir o que é certo para si e a espécie de pessoa que você é, em combinação com a motivação, os conhecimentos e as habilidades que lhe permitem fazer alguma coisa bem-feita. De maneira mais sucinta, os dois fatores que determinarão seu êxito são:

✤ **Afinidade** Dá a sensação de estar certo?
✤ **Desempenho** Você consegue fazer isso... e fazer bem?

Fator da sorte 1 – Saber o que importa para você

Eu oscilo – às vezes sinto que não sei nada e em outras ocasiões sinto que sou um dos melhores fazendo o que estou fazendo. Às vezes olho objetivamente e digo: "É apenas televisão, não é coisa de vida ou morte". Outras, sinto: "Uau, isso teve um impacto real no mundo e melhorou as coisas". Por exemplo, com o programa de tevê The Big Fish Fight *houve um impacto real na política europeia e na política de abastecimento dos supermercados que fez aumentar significativamente as chances de haver peixes no mar quando meus filhos estiverem crescidos. Isso significa muito para mim. É combustível para meu fogo.*

Adam

A primeira questão do questionário de *Hábitos da sorte* que você preencheu antes veio em duas partes:

1 Liste as coisas de que você mais gosta em seu trabalho.
2 Agora, liste as coisas de que você gosta como hobby, passatempo ou ocupação paralela ao trabalho.

Aqui, é fácil cair na armadilha: trabalho = mau; lazer = bom. Suas respostas para a primeira questão podem ser: desafios regulares, ganhar dinheiro, conhecer novas pessoas, responsabilidade, para que eu possa me testar, desenvolver conhecimentos e habilidades. Existem muitas outras possibilidades.

Suas respostas para a questão número 2 podem não ser tão diferentes, mas caso você não aprecie particularmente seu trabalho, talvez haja mais respostas. Você poderia tentar fazer as mesmas perguntas e inserir a palavra "não", como em: "Eu não gosto de...". Se houver uma falta de conexão com seu trabalho, a lista poderá ser substancial. De fato, talvez você se flagre produzindo deliberadamente uma longa lista de modo a reforçar o ponto que não o está mobilizando em sua ocupação principal.

Quando fiz a Greg e a Adam a mesma pergunta, as respostas deles denotaram um forte grau de autoconsciência. Para Greg, seu instinto competitivo primordial precisa ser alimentado; para Adam, colocar-se em uma posição de onde ele possa ter um impacto no mundo é "combustível para meu fogo".

Descobrir a coisa que o impulsiona está no próprio cerne do que a vida e o viver significam. Alguns iriam ainda mais longe e diriam que chega ao âmago do que significa "ser" humano.

Volta-se à velha questão que talvez você já tenha encontrado: "Quem você está sendo quando está fazendo o que está fazendo?". Se estiver sendo verdadeiro consigo mesmo, poderá dizer todo feliz: "Estou sendo eu mesmo", o que é ótimo. Mas, se não estiver sendo verdadeiro consigo, vai sentir-se desconectado e vazio em relação ao que faz. E, se estiver examinando esse ponto em um contexto de trabalho, isso chega a um montante de 80-120 mil horas de sua vida.

Identificando forças e valores

Então, o que me ajudou a chegar a este estágio da minha carreira? Bem, seja qual for o papel que você desempenha, tem de estar motivado para assumir esse papel. Não faça isso simplesmente porque soa bem. Em um momento anterior da minha carreira me vi perguntando: "Isso é certo para mim?", um sinal de que talvez não fosse ou de que eu precisava ir em frente.

Jonathan

Os psicólogos falam que as máscaras usadas por nós representam um compromisso entre o "eu real" – as forças, valores, pontos vulneráveis e mesmo debilidades que todo mundo tem – e a face que temos de apresentar ao mundo exterior para ir em frente, desenvolver relacionamentos (até mesmo com um parceiro de vida) e ser bem-sucedidos no trabalho. Para sentir afinidade com o que se faz, precisamos reconciliar essas duas coisas no contexto dos grupos com que estamos envolvidos. Vamos olhar mais de perto estes três elementos:

1. **O eu real**. É importante desenvolver um senso muito claro do que é importante para você. Isso vai ser impulsionado pelos seus valores mais profundos, que são as coisas com que você realmente se importa e que o tornam "erte" em vez de "inerte". Seus valores são o teste para você sentir se a direção que escolheu seguir está correta ou não. Em outras palavras, eles vão adverti-lo caso esteja avançando em uma direção que não é a certa para você. Recomendo uma visita ao site [em inglês]: www.authentichappiness.com, do dr. Martin Seligman. Nele, você encontrará a VIA Survey of Character Strengths, que vai ajudá-lo a identificar as áreas importantes para você. O autor se refere ao que chama de "Forças de assinatura" – que são tipicamente as 5 forças principais que você tem em uma lista bem fundamentada de 24. Elas poderiam incluir, por exemplo, senso de justiça, liderança, integridade e perseverança. A felicidade com o que você faz na vida – no trabalho, nos hobbies, no lar – tende a vir com a mobilização regular dessas 5 Forças de assinatura.

2. **O grupo**. Muitas organizações, grupos e equipes têm um nítido conjunto de valores declarados que se destinam a unir todos. Seja um grupo do trabalho, uma equipe esportiva, um coro ou um grupo de teatro amador, você terá de reconciliar seus valores com os do grupo. Por vezes, esses valores estão escritos em algum lugar, talvez em uma declaração de missão no trabalho ou no material de acolhida que você recebe de

uma nova sociedade na qual ingressou. Os valores reais do grupo tornam-se aparentes quando você observa a ação e o vocabulário das pessoas dentro desse grupo.

3 **Meu papel (a máscara)**. Todos nós desempenhamos uma profusão de papéis diferentes. No trabalho, talvez seja requerido que sejamos conscientes, inovadores, altamente produtivos etc. Em casa temos outros papéis a desempenhar, com nossos amigos e a família. Às vezes esses papéis estão escritos em descrições de funções. Mas com frequência há uma expectativa mais sutil em relação a nós e aquilo a que temos de corresponder.

O que você está procurando é a congruência entre esses três elementos, porque a química criada ente eles é crucial para estabelecer a afinidade que você tem com a tarefa em pauta. Um alto nível de congruência conduz a uma afinidade mais próxima e lhe permite acessar a sensação de impetuosidade e de estar vivo que todos nós amamos (ver Fator da sorte 2).

Com as atividades fora do trabalho muitas vezes fazemos isso instintivamente. Por exemplo, você decide entrar na natação porque a boa forma física e a saúde são importantes para você, mas também aprecia a solidão que esse esporte proporciona. A academia oferece isso e ainda o coloca em contato com pessoas que têm um conjunto similar de necessidades, prioridades e valores.

Então, vamos ao cerne de como isso pode funcionar no seu caso. A seguir estão dois exercícios alternativos. O primeiro exige que você jogue intelectualmente um pouco com o conceito dos seus valores e requer alguma profundidade de pensamento. O segundo usa três círculos para ilustrar a afinidade.

Vestindo-se

Adiante você vê um manequim. Em sua forma nua, o manequim é o "eu real". A primeira coisa que você precisa fazer é colocar roupas no seu manequim.

Essas roupas representam "o grupo". Pense no grupo que você quer ilustrar – como exemplo, vamos pensar no trabalho. O que seu manequim está vestindo e como as roupas caem nele? Por exemplo, um terno tradicional de homem de negócios indicaria um grupo que adere a valores mais sóbrios e controlados, enquanto roupas mais coloridas e casuais representariam um grupo que valoriza a criatividade e um ambiente mais relaxado. E quanto ao cinto? Um cinto apertado pode sugerir que é requerido que você trabalhe de um modo restrito, controlado e supervisionado. Tudo bem, se é disso que você gosta (e muitas pessoas gostam), mas não está tão bem se não gostar. Um par de tênis – talvez para movimentos rápidos? Acima de tudo, as roupas caem bem no manequim, ou seja, também são certas para você?

Agora vamos para o terceiro elemento – o chapéu (se você quiser conservar o termo "máscara", vá em frente). Talvez você já conheça essa expressão metafórica. As pessoas falam dos "chapéus" que têm de colocar no trabalho: "Usando meu chapéu administrativo..." Ele cai mal? Contrasta com as roupas? É grande – o papel que você desempenha é importante? O chapéu combina com as roupas e tem o tamanho certo para a cabeça do manequim? Se for o caso, então você terá uma boa aparência geral. E, mais importante, uma boa combinação entre o você real, o grupo e o papel que está representando.

Você não sente que seu papel atual seja exatamente certo para você.

Talvez sua organização conserve os empregados em rédeas curtas.

Três círculos

Esta é uma alternativa ao exercício do manequim; você pode preferi-la, caso um desenho detalhado não seja a sua praia. Nesse método os três elementos (o eu real, o grupo e o papel que você desempenha) são retomados, mas dessa vez são representados por três círculos:

A O eu real
B O grupo/departamento/organização
C Meu papel

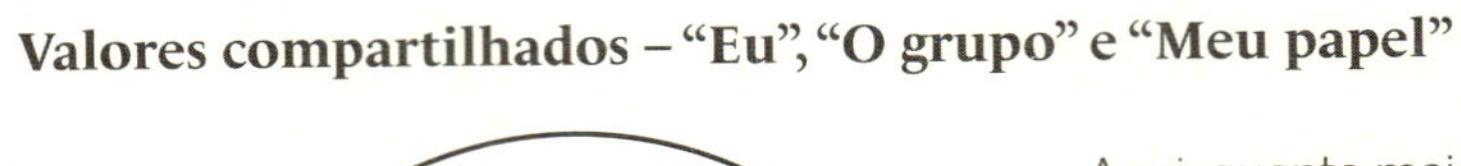

Valores compartilhados – "Eu", "O grupo" e "Meu papel"

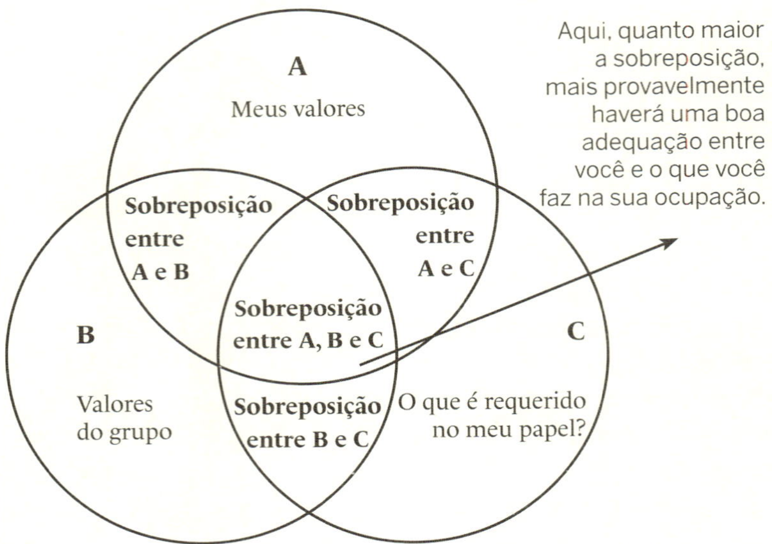

O grau como os três círculos se sobrepõem indica a extensão em que há compatibilidade entre os três elementos. É possível que os três círculos simplesmente não se cruzem, o que denota uma séria desconexão entre você, a organização/grupo e o papel que é chamado a desempenhar. Uma adequação perfeita significaria que os três círculos são traçados exatamente uns sobre os outros.

Talvez você considere mais fácil começar pela identificação de onde existe compartilhamento entre A e C, B e C e depois entre A e B. Isso o ajudará a identificar, em seguida, a área de compartilhamento entre A, B e C. É bom começar com uma nota positiva. Depois disso olhe para as coisas que são únicas em cada elemento.

Comprometimento

O nível de compatibilidade que você tem com sua ocupação vai depender da combinação ou falta de combinação entre essas três coisas. Essa ocupação não precisa estar confinada ao seu trabalho formal. Pode se referir a hobbies específicos, quer esteja contemplando um comprometimento mais profundo em termos emocionais ou de tempo, quer esteja considerando começar algo novo. (Com as atividades fora do trabalho, muitas vezes temos instintivamente essa afinidade.) Contudo, buscar a felicidade na sua ocupação vai depender do nível de comprometimento do que você *tem* para fazer e do nível de comprometimento do que você está *preparado* para fazer. Então, é nesse ponto que os Hábitos da sorte começam a agir. Eles iniciam com a afinidade e a conexão com o que você faz. Essa afinidade o sensibiliza para as possibilidades que sua ocupação tem a oferecer e que simplesmente não existirão se houver uma falta de conexão. Volta-se à velha questão levantada anteriormente neste capítulo: "Quem você está sendo quando está fazendo sua função?" Se não estiver sendo verdadeiro consigo mesmo em um grau razoável, será pouco provável que esteja envolvido com o que faz. Você tampouco será muito feliz.

Saber o que importa para você – resumo

- Tenha clareza quanto ao que é importante para você – por exemplo, seus valores.
- Compreenda os valores assumidos pelo seu grupo – seu empregador, academia etc.
- Saiba o que é esperado de você em seu papel – que "chapéu" (ou máscara) você tem de usar?

- Avalie a compatibilidade entre os três elementos – o você real, o grupo, o seu papel.
- Esteja preparado para cumprir alguns compromissos – buscar a perfeição vai levar a sua própria forma de infelicidade.
- Decida fazer alguma coisa sobre uma eventual falta de combinação, lembrando-se de que pode acessar as coisas que significam algo para você em outra parte de sua vida.

Fator da sorte 2 – Sentir-se impetuoso e vivo

Isso não é necessariamente sobre remo. O que eu aprecio é a competição. Definitivamente, gosto de treinar – a boa sensação que tenho faz valer a pena. E mesmo quando o treino é dificultoso e dolorido, é um pequeno preço a pagar para ser capaz de fazê-lo.

Greg

É uma sensação magnífica quando me sento naquela cadeira. Estou fazendo voar 400 toneladas de peso, com 500 pessoas dentro do avião. E quando vou do piloto automático para o controle manual... bem, é difícil explicar a sensação maravilhosa. É um clichê, mas tenho de dizer que é um pouco como a sensação de ganhar na loteria.

Bernice

Quando você está trabalhando com alguma coisa que não o envolve, sabe logo de cara. Você pode ser a pessoa que "permanece ali" porque certos aspectos (por exemplo, as amizades adquiridas) o sustentam apenas o suficiente para ajudá-lo em meio às atividades de que não gosta. Mas isso é mesmo o bastante? Do mesmo modo, você saberá quando estiver se sentindo "impetuoso e vivo" acerca de alguma coisa – aquela sensação de tudo estar se conectando, da energia pulsar e da emoção que você experimenta logo antes de começar, seguida por uma sensação de algo fluindo.

Eis quatro "testes" subjetivos para ajudá-lo a avaliar a probabilidade disso em sua vida profissional:

1 Ao se levantar pela manhã você pensa nos três ou mais dias na semana em que mal pode esperar (impetuosidade) para fazer suas atividades diárias?
2 Você consegue imaginar a vida sem fazer o que faz?
3 Você se envolve *criativamente* com o que está fazendo, ou seja, cria novas ideias?
4 Durante o expediente, várias vezes você olha para o relógio e vê que é pelo menos uma hora mais tarde do que pensou que fosse?

Vamos examinar sucessivamente cada um desses pontos.

Quero estar aqui

Se eu reconhecesse que estava desmotivada faria algo a respeito. Seria como morrer em vida. Qual o sentido de não querer ir para o trabalho? Você tem de fazer alguma coisa a respeito disso.

Michele

Existem duas categorias de pessoas que não têm uma sensação de impetuosidade e de estarem vivas em relação ao que fazem. O primeiro grupo consiste naqueles que têm uma atitude inteiramente negativa com o trabalho em si. O segundo grupo é constituído de pessoas que estão apenas desempenhando uma atividade errada ou no lugar errado. Embora haja aspectos do trabalho de que elas gostam, existem mais coisas de que não gostam.

Pergunte às pessoas que têm um hobby que adoram e tenho certeza de que diriam que seria um dia muito estranho se não tivessem vontade de entrar na piscina, brincar com miniaturas de carrinhos ou tricotar. Uma pausa, mesmo no que você adora fazer, pode ser revigorante. Também é perfeitamente normal se um dia você simplesmente não tiver vontade de ir para o trabalho. Mas, quando esses maus dias começam a se repetir regularmente, você sabe que tem um problema. Algumas pessoas me dizem que têm o mesmo emprego há 20 anos e o detestam. Que desastroso desperdício de tempo! Peço encarecidamente a elas (e a você, se estiver nessa situação) que mudem de emprego ou se requalifiquem. Este livro aborda isso e existem muitos outros bons livros e orientadores profissionais disponíveis para ajudá-los. Tenho esperanças de que você não esteja nessa situação, mas, como acontece com a maioria, haverá coisas de que gosta em seu emprego e outras de que não gosta. Eis algumas ideias sobre como se sentir mais impetuoso e vivo:

Cérebros para o café da manhã

Essa é uma metáfora para encarar logo de saída as coisas de que você não gosta. Em seguida você pode focalizar seu talento nas coisas que o mobilizam. Nove vezes em dez essas serão também as coisas que geram sucesso para sua equipe e seu negócio e que vão fazê-lo ser notado como um valioso membro da equipe, o que por sua vez vai marcá-lo como alguém que provavelmente avançará rumo a maiores sucessos na carreira...

Como ser

Eis uma pitada de ciência. Pesquisas na área da neurociência mostraram que, quando duas pessoas "se conectam", a atividade elétrica no cérebro ocorre em locais similares em ambas e neuro-hormônios são liberados, como a dopamina, o que induz a sensações mais felizes. Alguns se referiram a esse processo como "nosso Wi-Fi neural" entrando em ação. É por isso que o velho ditado "Comportamento gera comportamento" é tão verdadeiro.

Então tente isso amanhã – é espantoso como funciona. Quando acordar, decida em uma palavra o que você vai "ser" durante o dia. Pode escolher: "interessado", "amistoso", "positivo", "prestativo" ou qualquer outra palavra ativa. "Seja" essa palavra durante o dia inteiro e observe o que acontece. Você notará que o comportamento demonstrado ao ser a tal palavra começará a se refletir de verdade para você por outras pessoas, ainda que essa não seja a sua intenção inicial. E, ao ser refletido de volta, você vai se sentir ótimo, e o mesmo acontecerá com as pessoas com que interage. Trata-se de um excelente círculo virtuoso.

De repente, acabou

Em 2008/2009 a cadeia de lojas Woolworths do Reino Unido fechou para sempre – mais de 500 lojas fechadas. Milhares de empregos foram perdidos e um nome icônico desapareceu do mercado. Mas Claire Robertson, gerente da filial de Dorchester, recusou-se a aceitar isso sem brigar e um mês depois do fechamento reabriu a loja sob um novo nome, "Wellworths" (depois trocado para "Wellchester"). A abertura foi noticiada na tevê britânica e um documentário da BBC forneceu uma visão dos bastidores ao longo das semanas que conduziram à grande abertura.

Em meio a essa história de sucesso contra todos os obstáculos, houve um momento maravilhosamente comovente, quando uma mulher da equipe procurou Robertson chorando de alegria por ter recuperado seu antigo emprego, que significava tanto para ela. O velho clichê "Você não sabe o que perdeu até que acabou" jamais foi tão verdadeiro. Eu me pergunto se aquela mulher questionava a importância emocional de seu emprego antes do fechamento da loja original.

Como afirmou o teórico empresarial Ichak Adizes:

> *As melhores coisas da vida são conhecidas pela sua ausência. Você não conhece o valor de sua saúde até ficar doente, o valor do amor até estar solitário, ou os benefícios da democracia até experimentar a ditadura.*

Experimentação

Criatividade, brincadeira e experimentação constituem os prazerosos efeitos colaterais do verdadeiro engajamento com aquilo que você escolhe para ocupar o seu tempo. Quando o grande nadador olímpico Ian "Thorpedo" Thorpe tinha 12 anos, verificou que seus tempos de nado haviam estacionado em um patamar. Ele se perguntou o que poderia acontecer se parasse de movimentar as pernas e em vez disso "esticasse" mais as braçadas. Seus tempos foram tão bons quanto antes, embora sempre fosse dito aos nadadores que a movimentação das pernas era crucial (e é verdade). Com sua nova braçada estendida, ele começou a mexer novamente as pernas e, de repente, seus recordes melhoraram consideravelmente. O que Ian estava fazendo era brincar/experimentar enquanto nadava. Essa "brincadeira" e o desejo de experimentar vêm da curiosidade. E só ficamos curiosos com as coisas em que estamos verdadeiramente envolvidos – aquelas coisas com as quais temos uma afinidade.

Talvez você se faça perguntas do tipo: "Como posso fazer isso melhor, mais barato, mais rápido, mais facilmente?" Trata-se de ser aberto e curioso acerca da oportunidade, que é, em si mesma, uma forma de criatividade. Se você não estiver fazendo isso com as coisas com as quais gasta seu tempo, é um sinal de que não tem aquela sensação de "impetuosidade e de estar vivo".

Para onde foi o tempo?

Então, você reconhece a sensação? Você está perdido em alguma coisa, nem está pensando se gosta ou não (porque não sente a necessidade de fazer a pergunta), e de repente olha para o relógio e é muito mais tarde do que imaginava. Trata-se do que é conhecido como "estado de fluxo". Você experimenta isso com os hobbies. Se estiver mergulhado em um livro ou uma revista, reconhecerá como as horas voam (já se esqueceu de descer do ônibus quando chega seu ponto?). É nesse estado de fluxo que as pessoas realmente sintonizadas no que estão fazendo reconhecem o valor do que fazem. Ainda que trabalho e brincadeira sejam muito mais do que apenas recolher essas experiências de fluxo, a regularidade delas é um bom modo para avaliar quão "impetuoso e cheio de vida" você é em relação ao que faz.

Sentir-se impetuoso e vivo – resumo

- A autoconsciência vai ajudá-lo a avaliar de fato quando você está verdadeiramente conectado com o que está fazendo e quando está apenas divagando.
- Tome uma atitude quando não gostar do que faz ou vai se sentir "levado pela correnteza".
- "Estou sendo eu mesmo?" Pergunte-se quem você é enquanto estiver fazendo suas atividades. Você está sendo obrigado a ser outra pessoa?
- Se por vezes você se esforça para perceber o valor daquilo que faz, tente realmente pensar em como seria se aquilo fosse retirado de repente.
- A curiosidade é um sinal clássico de conexão e interesse genuínos.
- Valorize as vezes em que se "perdeu" no que estava fazendo.

Fator da sorte 3 – Posso fazer, quero fazer

Fazer o que é certo para você e aliar ao tipo de pessoa que você é (Fator da sorte 1) e ao estado altamente sensibilizado que sente a partir do Fator da sorte 2 significa uma probabilidade ampliada de que o terceiro Fator da sorte caia no devido lugar. Seu sucesso vai provavelmente depender do casamento de duas coisas:

- Seu conhecimento e suas habilidades – "posso fazer".
- Sua motivação para aplicar aquele conhecimento – "quero fazer".

Esses dois subfatores podem ser expressos no seguinte modelo:

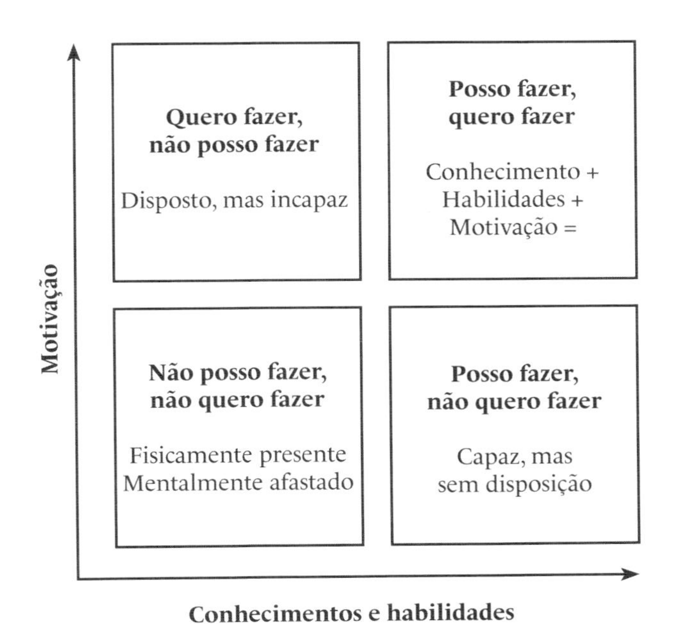

Não posso fazer, não quero fazer

Você provavelmente já encontrou algumas pessoas assim – gente que leva consigo a abordagem "Fisicamente presente, mentalmente afastado" ao longo da vida. Outros exibem essa característica no trabalho mas têm uma vida além do emprego, na qual são do tipo "posso fazer, quero fazer". Talvez você mesmo possa sentir que existem partes da sua vida que se encaixam no modelo "não posso fazer, não quero fazer" e outras em que acontece o contrário. E provavelmente tem clareza quanto às razões para isso.

Quero fazer, não posso fazer

Se você se encontrar nessa posição, deverá verificar que o "quero fazer" fornecerá o impulso emocional para ajudá-lo a aprender com rapidez. O próximo capítulo trata em detalhes do aprender ("posso fazer"). No entanto, para ajudá-lo a avaliar suas próprias necessidades, há uma sequência simples a ser seguida:

- **Onde eu deveria estar?** Isso pode ser baseado nos mais variados critérios.
- **Qual é a lacuna de conhecimento?** Trata-se da distância entre onde você está agora e onde precisaria estar.
- **Qual é a evidência de uma lacuna?** Use exemplos específicos de seu próprio desempenho e comportamento. Use o retorno dos outros (ver o Fator da sorte 6), suas próprias experiências práticas e o que você sente por dentro.
- **Por que poderia haver uma lacuna?** A falta de motivação poderia ser um dos fatores (ver adiante "Posso fazer, não quero fazer"). Mas o mais importante é você compreender que não pode saber tudo. Aqueles que têm os Hábitos da sorte sabem disso e reagem positivamente à necessidade de lidar com a falta de conhecimentos e habilidades. Infelizmente, os que não têm confiança veem eventuais deficiências como confirmação de uma falta de capacidade inata e permanente. Esse é um molde mental nocivo, totalmente desnecessário, e será abordado no capítulo seguinte.
- **Quais são as soluções?** Saber do que você precisa, assumir que você tem a motivação para lidar com a lacuna de conhecimentos e habilidades, é o primeiro passo para identificar as respostas para suas necessidades. Essas respostas serão únicas para *suas* necessidades.

Posso fazer, não quero fazer

Isso pode ser resumido como falta de motivação. Eis algumas razões possíveis:

- Talvez você não sinta afinidade real com o que está fazendo. É hora de uma mudança?
- Talvez esteja desconectado porque há questões maiores e mais importantes na vida para você.
- Se isso se relacionar apenas com o trabalho, você poderá simplesmente estar vendo seu trabalho como um meio para um fim.
- Talvez você sofra de relacionamentos pobres – focalizados no Capítulo 6, "Pessoas".
- A pressão que recai sobre você pode ser excessiva. Só podemos suportar até certo ponto. Além de conversar com as pessoas que lhe impõem essas demandas, é importante ter uma válvula de segurança que libere pressão e crie equilíbrio. Veja o Fator da sorte 9 para mais ideias sobre esse ponto.

Posso fazer, quero fazer

"Posso fazer" combinado com "quero fazer" é uma junção muito poderosa e um dos traços definidores das pessoas que têm os Hábitos da sorte. Contudo, "quero fazer" não é uma torneira que possa ser aberta ou fechada a cada momento, embora de fato pareçam existir pessoas que conseguem lançar-se em qualquer coisa que tentem. Você mesmo pode ter observado esse comportamento e notado que a energia não dura para sempre. Acredito firmemente que a afinidade abordada no Fator da sorte 1 e o acesso à sensação de "impetuosidade e estar vivo" do Fator da sorte 2 vão longe para despertar o "quero fazer" em você e em mim.

Então, o que é melhor?

Com a experiência, também consigo perceber os benefícios do "otimismo cego" que eu tinha aos 20 anos, quando ganhei minha primeira medalha de ouro. Sempre havia caminhos que contornavam os problemas, e essa é uma mentalidade saudável. Eu era um medalhista olímpico de ouro com pontos falhos, mas é claro que não os enxergava. E ganhar me dava um alto nível de autoestima.

Greg

Se eu tivesse de decidir, diria que "quero fazer" é melhor. Você pode ir longe com impulso e determinação, ainda que seu conhecimento por vezes seja deficiente. Greg, em sua citação acima, identifica o poder do otimismo cego que o ajudou a ganhar medalhas de ouro olímpicas quando mal havia entrado na casa dos 20 anos. Essa tem sido uma força primordial para muitos de nós – e provavelmente para você também. Mas, em algum ponto, você será testado. Não pode ignorar o "posso fazer" com a esperança de surfar no "quero fazer" pelo resto da vida. Afinal, as ondas nem sempre serão amistosas. Você pode usar o "quero fazer" para finalidades positivas – porque, de fato, é necessária motivação para querer aprender.

Acredito que todos precisamos sentir o "posso fazer, quero fazer" em nossas vidas. Ele traz aquela sensação essencial de estar vivo que ajuda a suavizar os mais ásperos elementos da vida cotidiana. A ausência completa disso cria uma desconexão, e isso pode ser muito nocivo para o seu bem-estar. No entanto, você não terá e provavelmente não deveria ter essa sensação o tempo todo. Como no caso dos dois primeiros Fatores da sorte, há coisas na vida que você tem de fazer, ainda que elas não o envolvam. Buscar perfeição em tudo pode ser tão danoso quanto se desconectar completamente.

Posso fazer, quero fazer – resumo

- A motivação (combinada com o conhecimento e as habilidades) fornece uma força muito poderosa à medida que você segue pela vida e deveria ser uma de suas aspirações.
- A falta de conhecimento e habilidades tem pouco a ver com a competência e tudo a ver com aquilo a que você atribui sua falta de conhecimento. Você tem uma capacidade imensa.
- Seja honesto quanto às lacunas em seu conhecimento e faça o melhor possível para preencher as mais importantes – aquelas nas quais o conhecimento adicional vai maximizar o seu impacto.
- A motivação o leva longe na vida, ainda que em certas ocasiões você não tenha de imediato o conhecimento e as habilidades requeridos.
- Quanto mais estreitamente você se identificar com o que faz, maiores serão as chances de se encontrar naturalmente motivado.

Aprender

Sem o fracasso, o sucesso não é uma opção.

Fatores da sorte neste capítulo:

Fator da sorte 4 – O fracasso é bom
Fator da sorte 5 – Conhecendo sua capacidade
Fator da sorte 6 – Estar aberto para feedback
Fator da sorte 7 – Moldando sua aprendizagem
Fator da sorte 8 – Transformando o medo em realização

Os slogans da aprendizagem estão por toda parte. Seu empregador talvez tenha um "centro de recursos da aprendizagem" e fale sobre a "cultura da aprendizagem" que está tentando desenvolver. Os governos nacionais e os empresários também falam sobre "aprendizagem ao longo da vida". Temos "experiências de aprendizagem" e "oportunidades de desenvolvimento".

Tudo isso é bom, está claro, mas sua aprendizagem é importante demais para ser enrolada em uma trouxa de jargões corporativos ou governamentais. E é importante demais para ser deixada ao capricho de outros que a proporcionam a você, em configurações formalizadas. Aprender é algo que acontece todos os dias. De fato, na maior parte de cada dia.

O grau em que você aprende é totalmente dependente de sua atitude diante da vida. Um bom começo consiste em ter senso de humildade, de modo que você admita que não sabe tudo (Fator da sorte 5). Uma disposição para avaliar reveses e fracassos de uma maneira que construa a confiança é um segundo passo muito bom (Fator da sorte 4). O modo como você responde aos feedbacks quando o que é dito vem como uma surpresa (Fator da sorte 6) e de quem você busca conhecimento e inspiração (Fator da sorte 7) continuam o processo de aprendizagem.

Mas onde o aprender realmente começa é na maneira pela qual você apresenta suas experiências na sua cabeça. Como foi dito na introdução deste livro, trata-se do diálogo interior sobre si próprio. Exemplos de como essas conversas podem se desenrolar estão incluídos neste capítulo, juntamente com uma caminhada exploratória sobre como você pode transformar a ansiedade em relação a uma atividade ou evento vindouro em algo que você anseia, por meio do tipo correto de conversa interior (Fator da sorte 8). O foco deste capítulo recai sobre o modo como você pode ajustar seu pensamento e a subsequente conversa interior. Com frequência são necessários apenas pequenos ajustes, mas que lhe permitem ter um controle muito maior sobre o seu próprio aprendizado. Estou propenso a admitir que este bem poderia ser o capítulo mais importante do livro.

Fator da sorte 4 – O fracasso é bom

Eu aprendi sobre fracasso relativo. Vi o terceiro lugar no campeonato mundial de remo de 1994 como algo "pavoroso". Mas, em retrospectiva, isso me ajudou a compreender que não posso ganhar sempre. Tenho de lidar com a derrota. Poucos anos depois, chegar em quarto lugar nas Olimpíadas de Sydney foi uma experiência de vida, e não uma perda arrasadora. Senti imediatamente a necessidade de provar que eu era um bom remador, então continuei por algum tempo, mas também precisava provar que, embora eu fosse bom no remo, havia outras coisas em que eu também podia ser bom. Por isso me juntei a uma equipe de iatismo que participou um ano da Copa América.

Greg

Em seu livro *Talent Is Overrated*, Geoff Colvin escreve sobre a campeã olímpica de dança no gelo Shizuka Arakawa, que, segundo estimativas, fracassou 20 mil vezes na execução de um movimento específico antes de ter êxito. A chave aqui foi sua resposta positiva ao fracasso regular e a capacidade de absorver a dor e a monotonia (mas talvez não fosse doloroso e monótono para ela?) da prática incessante para acertar. (Ver o próximo capítulo, sobre "Desempenho", para saber mais sobre o valor da prática.)

Talvez você esteja reagindo com espanto diante da persistência de Arakawa, mas você também já fez a mesma coisa. Simplesmente olhe para uma criança aprendendo a andar ou a dirigir uma bicicleta. Ou pense sobre quando persistiu para conseguir alguma coisa que era importante para você. Aprender a andar, a dirigir uma bicicleta, a guiar um carro ou a ler, tudo isso exigiu um grau de aplicação combinado com um desejo de exploração, que o colocou na trama mental correta para ter sucesso. Existem duas razões primordiais para seu êxito:

- Seu desejo de conseguir sobrepujou quaisquer visões negativas que você pudesse ter tido sobre seu nível de capacidade. (É claro que talvez você não tivesse a menor dúvida sobre sua capacidade.)

✤ Sua explicação das razões para reveses e fracassos permitiu-lhe identificar os fatores que transformariam a derrota em vitória.

Talvez o maior corruptor no desenvolvimento de uma abordagem baseada no sucesso seja o efeito castrador do pressuposto de que todo esse sucesso ou fracasso vem de sua própria herança genética. Na verdade, se você pensar isso, terei de concordar. Trata-se da perfeita afirmação que confirma a si mesma: se você confiar nos genes e no talento em vez de em seu próprio esforço, então os genes e o talento é que terão de impulsioná-lo.

Se você quiser ter um bom desempenho em tudo, encontrará desapontamento e fracasso ao longo do caminho. Por vezes o sucesso vem primeiro, depois os reveses. Outras vezes é o contrário. O modo como você explica a maré baixa e a maré alta do sucesso e do fracasso em sua mente é que determina de que maneira age em resposta a eles. Essa "explanação" – o diálogo interior sobre si próprio – é o que chamamos de seu "estilo de explicação".

Explicando os reveses e o fracasso

Todos nós temos êxito em muitas coisas (embora nem sempre sintamos a sensação disso). Se você atribuir o sucesso a "Eu só tive sorte" ou "Qualquer um pode fazer isso", estará negando de cara quaisquer razões pessoais para o sucesso, como "Trabalhei duro de verdade para isso", ou "Meu trabalho duro foi recompensado".

Imagine, por exemplo, que você tem de fazer uma apresentação e está nervoso. Sabiamente, consegue a ajuda de um colega/orientador que passa algum tempo com você para acertar as coisas. Você realiza uma apresentação bem recebida e depois examina as razões para todo aquele sucesso. Uma reação negativa poderia ser: "Bem, eu só tive êxito porque havia alguém me ajudando". Nessa declaração não há reconhecimento do "eu" e de sua própria contribuição para a apresentação bem-sucedida. A resposta positiva seria dizer: "Tive êxito porque busquei ajuda e estava preparado para ouvir os conselhos e excelentes sugestões de meu orientador/colega". Nessa afirmação você também identificou duas ações definidas que realizou, que funcionaram para você e funcionarão novamente:

- É uma boa ideia buscar ajuda quando eu precisar dela.
- É uma boa ideia estar preparado para escutar sugestões e conselhos dos outros (ainda que eu decida não seguir tais conselhos).

Enquanto você lê essas linhas, talvez esteja balançando a cabeça em concordância. Tudo soa tão lógico – e de fato é. Mas o estilo de explicação é tão crucial para os Hábitos da sorte que eu gostaria de sugerir que vale a pena fazer agora uma pausa na leitura e refletir sobre alguns dos sucessos e fracassos que você teve na vida. Tente recordar alguns dos processos de pensamento pelos quais passou quando se deparou com reveses:

- Como você explicou as derrotas?
- Como você explicou o sucesso?

Para continuar com o exemplo da apresentação em público (porque é tão comum), vamos examinar como uma pessoa com um padrão negativo talvez explicasse uma apresentação que não se desenrolou muito bem. Todos sabemos que tipos de coisa podem dar errado quando se faz uma apresentação – você perde o fio da meada, o equipamento para de funcionar, alguém lhe faz uma "pergunta impossível" ou você está tão nervoso que as palavras não saem como planejado. Eis um exemplo de como alguém com um padrão negativo, passivo, vai dialogar internamente:

> *Compreendo que não sou bom em apresentações. Na verdade, sou um caso perdido. Ou você nasce "bom de papo" ou não nasce. E eu não nasci. Fico realmente nervoso – não que isso seja importante, é claro. E não sabia que iriam me fazer aquela pergunta. Não tinha a menor ideia do que responder. E, quando o projetor pifou – eu queria que o chão me engolisse. Nunca mais quero passar por isso.*

Dá para ver que neste pensamento não há espaço para um plano de ter uma experiência melhor da próxima vez. Há fatalismo ("Sou um caso perdido"; "Ou você nasce 'bom de papo' ou não nasce"), desconsideração da importância das suas necessidades ("Fico realmente nervoso – não que isso seja importante, é claro") e uma compreensível falta de vontade de ter uma nova experiência ("Nunca mais quero passar por isso").

Então, vamos examinar isso outra vez e ver como a pessoa de padrão positivo poderia responder a cada uma dessas experiências negativas:

Perdi o fio da meada. "Não sou o primeiro caso e não vou ser o último. O importante é não entrar em pânico e ter um plano. É perfeitamente o.k. dizer ao grupo: *Sinto muito, me perdi um pouco com as minhas notas, um segundinho que já volto para onde estava.* Alguém certa vez me disse que o silêncio da perspectiva do orador parece muito mais longo do que da perspectiva da audiência.

Talvez eu estivesse me preocupando demais em relação ao silêncio quando estava tentando reencontrar o fio da narrativa, vai ver que o público até apreciou a pausa. Se eu me sentir à vontade com o silêncio, o público também vai se sentir.

Quando as pessoas se perdem, isso pode significar que não estão preparadas o suficiente, então, se eu praticar um pouco mais da próxima vez a sequência da minha apresentação vai ficar mais nítida em minha mente. Preciso dedicar um pouco mais de tempo a isso."

O equipamento deixou de funcionar. "Isso pode acontecer a qualquer momento, então eu não deveria me recriminar, mas será que há coisas que posso fazer para reduzir a possibilidade de acontecerem novamente? Checar melhor com antecedência; fazer back-up; verificar se existe um especialista disponível e, o mais importante, não entrar em pânico.

Qual poderia ser minha alternativa? Fazer uma pausa; tirar uma questão do bolso que o público possa trabalhar em grupos enquanto eu tento consertar; de qualquer modo, não seria melhor sem as centenas de slides do Power Point?"

A questão difícil. "Foi uma pergunta difícil e não a enfrentei muito bem. Entrei um pouco em pânico porque não tinha uma resposta. Preciso estar mais bem preparado se isso acontecer novamente. As alternativas?

Solicitar respostas de toda a sala (*Alguém aqui já passou por isso?*) – se ninguém responder, talvez a pergunta seja óbvia demais; admitir que não sei (*É uma pergunta muito boa. Eu precisaria de tempo para pensar em uma resposta. Entrarei em contato com você*) – um pouco de lisonja faz o perguntador sentir-se bem sobre a questão que levantou!; eu poderia dividir a sala em pequenos grupos para trabalhar a pergunta se ela for importante (*É uma questão muito importante, sinto que ela exige que todos nós dediquemos algum tempo pensando sobre ela*)".

Nervosismo. "Tudo bem ficar nervoso, muita gente fica, então o que posso fazer para dominar meus nervos antes da apresentação? Se eu praticar mais com antecedência, poderei reforçar minha confiança; talvez eu possa fazer alguns exercícios de respiração para relaxar; posso fazer um esforço consciente para pronunciar minhas primeiras palavras alto e bem nítido, de modo que ninguém perceba meu nervosismo, e, em seguida, abaixar o tom da minha voz a um nível adequado; falar mais devagar pode me ajudar a ter controle sobre mim mesmo; fazer uma pequena pausa – lembrando que o que parece um século para o orador é apenas um segundo ou dois para o público."

Respondendo a insucessos

Outro modo de examinar a questão é ter uma visão equilibrada e positiva dos reveses e de sua inevitabilidade. Em algumas situações as seguintes respostas podem funcionar para você:

Só porque outra pessoa é boa não quer dizer que eu seja ruim
Em uma conversa rápida com o remador Greg Searle depois de ele e sua tripulação terem conquistado a prata no campeonato mundial de 2011, seu primeiro comentário foi: "Já identificamos alguns ajustes que podemos fazer para a próxima vez". Ele também fez elogios ao vencedor, a Alemanha. Não era que a tripulação dele não fosse boa o suficiente, e sim que os vencedores eram muito, muito bons. Tudo bem. Reconheça a excelência quando

a vir e use-a como um aguilhão para se aperfeiçoar. A excelência nos outros não significa que você não pode ser bom.

Fiz algumas coisas realmente boas aqui

Uma segunda resposta possível para um grande revés vem de uma história contada por Michele, ao recordar o fechamento de sua empresa Recycle-IT! e os eventos que levaram a isso:

> *Eu vinha administrando uma companhia que fornecia computadores para aqueles que, de outro modo, não teriam recursos para consegui-los. Proporcionávamos empregos a pessoas em desvantagem social ou incapacitadas – gente que provavelmente não teria conseguido trabalho sem nós –, e por dez anos tudo correu muito bem. Eu adorava. E então, no espaço de três semanas, duas coisas aconteceram. Fomos enganados e perdemos uma grande soma em dinheiro. E, apenas alguns dias mais tarde, tivemos de abandonar o espaço que estávamos ocupando porque a companhia que o possuía (e que tinha sido ótima para nós) estava se expandindo. Tivemos de fechar quase da noite para o dia. Eu me sentia como se estivesse traindo as pessoas. Chorei o tempo todo quando tive de contar à equipe que teríamos de fechar. Quando olhei para trás, aprendi a ver de outro modo o que havíamos feito. O que eu tinha feito fora conservar um negócio muito difícil em andamento durante dez anos. Éramos pioneiros na reciclagem de computadores e, embora outros estivessem fazendo coisas similares, éramos os inventores. Conservamos pessoas no trabalho, gente que de outro modo não teria conseguido um emprego. Essa perspectiva me ajudou a lidar com isso. Olhando para trás, sinto muito orgulho pelo que fizemos.*

Esse é um exemplo fabuloso do poder do pensamento positivo. Michele não apenas conseguiu olhar para os aspectos positivos em uma situação difícil, mas também encontrou uma perspectiva afirmadora da vida, sobre algo que poderia ter acabado com sua carreira se ela tivesse permitido que isso destruísse sua confiança e sua crença no que estava fazendo.

Adam abordou o mesmo tema em termos mais gerais:

> *É muito raro que alguma coisa seja um fracasso completo. Estou tentando evitar aqui o território dos clichês, mas usualmente há algo de bom em tudo e eu de fato procuro isso. Em qualquer projeto no meu campo, e em muitos outros, não existe um modo 100% de saber se ele será um sucesso ou não. Com frequência você tem de tentar e ver depois. Se nunca acontecer de alguma coisa dar errado, é que você não está forçando os limites o suficiente. E este é um ponto óbvio mas muito importante: você tem de aprender com os projetos que não funcionaram muito bem. Como declarou uma pessoa mais sábia, os únicos erros realmente estúpidos são aqueles com os quais você não consegue aprender.*
>
> *De fato existem coisas do passado que me machucam, mas você tem simplesmente de deixá-las de lado. Isso pode levar algum tempo – por vezes você pode ter lampejos do que passou, mas não é bom ficar remoendo isso. Se você operar em um ambiente onde a experimentação é parte do que faz (está escrito na proposta e no DNA do Channel 4), terá de aceitar que haverá desapontamentos, pela própria natureza da empresa.*

O fracasso é bom – resumo

✤ O revés e o fracasso são uma parte natural e saudável da vida, não uma razão para destruir a confiança.

- ✤ Sua resposta ao sucesso, ao revés e ao fracasso será baseada em como você explica essas coisas para si mesmo.
- ✤ Por vezes, acontecem coisas sobre as quais você não tem controle. Identifique as coisas que você pode controlar.
- ✤ Se você teve êxito, identifique o que fez pessoalmente para construir aquele sucesso.
- ✤ Se você fracassou, identifique o que poderia fazer pessoalmente para ter sucesso na próxima vez.

Fator da sorte 5 – Conhecendo sua capacidade

Este é um exercício clássico que desenvolvi, concebido originariamente pelo educador e escritor Mark Brown. Simplesmente siga as instruções:

Suas capacidades

1 ***Escreva um mínimo de cinco coisas que você é capaz de fazer.*** Você pode escolher de qualquer aspecto da sua vida. Do "trabalho" pode ser: administrar uma equipe de projeto, realizar uma apresentação dinâmica ou projetar tabelas detalhadas em Excel. Dos hobbies, pode ser: tocar piano razoavelmente, correr um quilômetro e meio em 5 minutos, construir modelos com palitos de fósforo ou atravessar a nado uma piscina 200 vezes sem parar. Do "lar", você poderia escolher: projetar um jardim, fazer um *fondue* de chocolate bem-sucedido (os telespectadores de programas de culinária saberão exatamente como

isso é difícil e quanta prática é necessária para sair perfeito), projetar e construir sua própria casa. Sua escolha é ilimitada e você não deveria absolutamente sentir-se limitado pela lista de sugestões apresentada aqui.

Pense sobre isso por alguns minutos e, por favor, não leia a instrução seguinte até escrever sua lista (para evitar "contaminação" no seu pensamento). Quando estiver satisfeito com a lista, leia a próxima instrução:

2 ***Coloque uma letra C junto aos itens "comprovados", do tipo: "Eu fiz isso".***

Quando tiver feito isso (e só depois de ter feito isso) avance para a instrução seguinte:

3 ***Coloque uma letra N junto aos itens "não comprovados", do tipo: "Eu não fiz isso".***

A maioria dos leitores (minha experiência sugere mais de 80%) provavelmente terá uma lista de capacidades comprovadas. Sua lógica (se você estiver entre os 80%) por trás disso provavelmente será de que não consegue ver essa questão de nenhum outro modo – perguntei sobre capacidades e você selecionou uma lista de realizações, hobbies e talvez até mesmo coisas da rotina diária associada com a vida doméstica ou profissional e baseou sua lista em torno disso.

Aproximadamente 10% terão uma lista que mescla Cs e Ns. Os Ns podem ser coisas que você começou – talvez um hobby que iniciou recentemente sem saber se continuaria ou coisas em que você era bom quando mais jovem e que por vezes pensa em retomar no futuro. Em outras palavras, um ponto de referência do seu passado ou do presente está sugerindo um caminho para futuro desenvolvimento.

O ponto aqui é que não estou pedindo para você escolher capacidades anteriormente desempenhadas, comprovadas, embora você possa ter interpretado a questão desse modo. O que estamos fazendo é testar como você vê a palavra "capacidade". Se a encarar apenas como uma lição de história pessoal, poderá estar criando uma barreira psicológica para si mesmo no futuro.

À medida que ficamos mais velhos, muitos de nós começamos a ver nossas capacidades em termos do que fizemos, e não do que poderíamos fazer. Isso é importante, pois sua lista de capacidades provavelmente vai incluir "sucessos" construtores da confiança. No entanto, esse arranjo mental pode ser um grave limitador se quiser melhorar seu desempenho e buscar novas avenidas para futuras oportunidades rumo ao sucesso...

Portanto, se você for um dos 80%, volte e tente novamente o exercício, mas dessa vez pense sobre coisas que você já fez, coisas que está fazendo e coisas que poderia fazer – o passado, o presente e o futuro. Tenho certeza de que vão surgir algumas coisas que o farão sentir-se muito animado sobre suas capacidades futuras.

Pergunte a adolescentes de 14 anos o que eles são capazes de fazer e provavelmente receberá uma lista de ambições e desejos – embora nas raras ocasiões em que tive a oportunidade de fazer essa pergunta para grupos mais jovens pudesse ter a reação oposta: nenhuma lista, como se a questão estivesse além dos limites do pensamento do jovem. Quando alcançamos a casa dos 20 anos, vem o choque de realidade (sair para trabalhar etc.), e aqueles sonhos e ambições se reduzem ou desaparecem completamente. Isso é compreensível, e, ainda que seja bom ter uma grande lista de coisas que você quer fazer no futuro, a realização de qualquer uma delas provavelmente significa focalizar em apenas uma ou duas.

Se voltarmos à questão original – a lista de suas capacidades –, é importante sustentar alguns desses sonhos e aspirações e perguntar a si mesmo: "Quais capacidades ainda tenho de desenvolver?" Elas poderiam estar refletidas nas coisas que você faz atualmente, mas gostaria de fazer melhor, ou nas coisas que pensou em fazer mas ainda não começou. Você poderia pensar em retornar às coisas que o seduziram em sua juventude mas foram postas de lado desde então. O clichê que afirma "O único limite da sua capacidade é a sua crença no limite dessa capacidade" pode ter, como muitos outros clichês, mais do que um pingo de verdade.

Conhecendo sua capacidade – resumo

- Veja suas capacidades não apenas em termos do que você fez, mas do que *poderia* fazer.
- Conserve a mente aberta acerca das coisas que você poderia tentar.
- Conserve a mente aberta sobre quão bom você pode se tornar nas coisas que tentar.
- Pergunte-se, também, sobre as coisas que o envolveram no passado e que quase esqueceu, mas que poderiam reavivar seu interesse – às vezes é bom voltar atrás.
- Lembre-se de que suas capacidades são infinitas.

Fator da sorte 6 – Estar aberto para feedback

O modo pelo qual você recebe retornos – especialmente críticas – é essencial para o crescimento dos Hábitos da sorte. Existe algo formativo e primordial na maneira como os recebemos, em particular em nossa reação a eles, que se prende a nossas primeiras memórias. Recebemos feedback de pais, parentes, cuidadores e assim por diante. Você passou pela escola e teve muitos retornos. E, em seguida, no trabalho, onde, se você trabalha em um ambiente convencional, o feedback continua a ser dado desde o primeiro dia até a aposentadoria – formalmente em entrevistas de avaliação e informalmente pelos colegas e gerentes. Se você faz esportes ou toma parte em outros tipos de hobbies e ocupações de lazer, provavelmente também recebe muito feedback.

Nos tempos de estudante fomos afetados pelo feedback de diferentes maneiras. Alguns de nós vimos nele um meio de reforçar níveis de confiança em declínio (em especial se ele foi dado durante os anos da adolescência, quando nossos hormônios estavam a mil por hora), e os efeitos podem ter sido muito prejudiciais e duradouros.

Se você considerar a crítica como "Eu não sou bom", provavelmente reagirá emocionalmente quando recebê-la (pelo menos por dentro). Isso é particularmente verdadeiro se o autor da crítica chama a atenção para algo de que estávamos conscientes mas que não sabíamos que outra pessoa havia notado; ou se o crítico nos diz alguma coisa de que não tínhamos a menor consciência.

Conheço muitas pessoas cujos níveis de confiança são muito mais baixos do que sua capacidade garantiria e podemos apenas imaginar quais eventos criaram essa situação. Você mesmo pode ser uma dessas pessoas. É fácil deixar o feedback afetá-lo desse modo pelo resto da vida.

Mas a crítica pode ser um amigo poderoso e, em vez de significar que você é irremediavelmente ruim em alguma coisa, pode significar: "Eu posso ser bom". Pessoas de alto desempenho aprenderam a ver o feedback como um recurso para identificar meios de melhorar ainda mais o desempenho e a usar isso como um trampolim que as impulsione.

Um tema comum entre nossos entrevistados é que, de maneira imprevista na maioria dos casos, houve momentos críticos na hora do feedback, que poderiam tê-los empurrado muito longe para trás ou mesmo forçado a desistir do que estavam fazendo. Um exemplo de Mo aparece no fim desta seção. Ao ler a experiência de Jonathan a seguir, pense em como você poderia ter reagido na mesma situação:

> *Um momento realmente importante para mim veio cerca de seis meses depois de eu ter assumido um novo cargo como diretor do RH de prática corporativa global em uma firma jurídica, quando tive algum feedback. Meu antecessor era excelente e mantivera um bom relacionamento com os advogados. Pensei que havia tido um bom começo, mas o feedback que recebi foi: "Ele tenta". Foi isso. Foi um momento de baixa na minha carreira. Eu estava me dizendo: "Você não está se saindo bem e pensa que está".*
>
> *Penso que em qualquer emprego é importante perguntar: "O que eles querem de mim? O que eu deveria estar fazendo?" Portanto, embora eu estivesse abalado pelo retorno, decidi que o melhor a fazer seria buscar conselho com esses mesmos advogados. Quando eu sondei, a resposta que recebi foi: "Não foi bem isso o que queríamos dizer. Não queríamos que você relaxasse demais. Queríamos conservá-lo nas rédeas dos processos".*
>
> *Isso tornou-se um modelo para mim sobre como dar feedback – ou, antes, sobre como não dar feedback! Mas também me ensinou a ser proativo ao buscar as razões subjacentes de o feedback ter*

sido dado como foi – para explorar um pouco mais. Eu podia ter levado comigo aquele "momento de baixa" por muito tempo.

Jonathan

Um momento essencial para o aperfeiçoamento é sua disposição para receber feedback. Isso pode ser difícil. Recebemos feedback o tempo todo mas não raro o consideramos pessoal demais ("Você não é firme o suficiente"), no momento errado (em meio a uma crise, por exemplo), vago ("Você não é muito bom para fazer apresentações, certo?") e unidirecional. Quer dizer, você tem poucas oportunidades para dar o seu recado numa conversa dessas. Às vezes o retorno vem durante a ocasião formal da entrevista de avaliação (um processo com frequência impulsionado por outros departamentos e não pelas pessoas envolvidas), com nenhuma das duas partes mostrando muito entusiasmo por ele. Às vezes ele dá a sensação de ser pessoal, como se o autor da crítica estivesse escavando sua personalidade.

Contudo, o aspecto positivo é que existem muitas coisas que você pode fazer para transformar uma conversa de feedback em uma ferramenta para ajudá-lo a aperfeiçoar seu próprio desempenho. Você nem sempre pode escolher onde e quando um retorno será dado, mas pode escolher como reagir a ele. Seu primeiro passo é como lidar com a trama mental que tem sobre a ideia de receber feedback. Existem configurações mentais comuns, que criam uma barreira à recepção positiva do feedback:

- **Um feedback ruim é minha culpa**. Se você se sentir mal consigo mesmo após receber um feedback (perda de confiança, por exemplo) ou se teve experiências ruins com feedbacks no passado, pode ser porque o retorno foi dado de maneira inadequada. Um bom doador de feedback vai transformar uma conversa potencialmente difícil em uma experiência positiva para você, porque ele compreende a importância de identificar uma ação remediadora positiva.

- **Feedback é sempre fato.** Não é. Em muitas circunstâncias é a opinião de uma pessoa (ou grupo). É claro que aquela opinião pode estar certa, mas cabe a você decidir se concorda ou não.
- **Feedback significa crítica.** Pode ser. Também pode significar elogio. Mas, e daí? Dê-lhe as boas-vindas em vez de ficar na defensiva. Poderia ser uma grande chance de fazer algo melhor, em vez de um meio de reduzir ainda mais a confiança.
- **Feedback significa inadequação permanente.** Não significa. Tudo o que significa no momento em que é dado é que você não sabe fazer algo adequadamente ou, se souber, não está aplicando esse conhecimento da maneira correta. O feedback pode ser, então, o meio de buscar respostas.

Creio que não enfatizei o suficiente como é importante adotar uma abordagem positiva ao receber um retorno (feedback), independentemente de ele ser dado de maneira ruim ou inadequada (porque, com frequência, vai ser assim) ou se você concorda ou discorda dele. Sua reação instintiva e sua reação subsequente, mais racional, podem ser muito diferentes. Minha abordagem neste livro é fazê-lo participante ativo da conversação, em vez de observador passivo de comentários sendo feitos a seu respeito.

Feedback é oportunidade

O feedback é uma oportunidade. O que interessa agora é que você o use como tal. As recomendações a seguir estão baseadas em você assumir o controle – tanto da situação quanto da sua reação a ela.

- **Peça exemplos específicos.** O feedback é muitas vezes dado em termos gerais. Um comentário do tipo "Às vezes você deixa as pessoas o dominarem nas reuniões" não é muito útil para você (particularmente se não tiver consciência de seu comportamento), a menos que seja apoiado por um exemplo específico. O feedback dado como uma generalização é inútil porque você não tem uma experiência específica para relacionar a ele, então peça algo específico, dizendo: "Por favor, me diga quando fiz isso" ou "Como foi que eu fiz isso?"
- **Considere quais serão os efeitos.** Um bom orientador ou gerente diria: "Quando você fez x, aconteceu y". No entanto, talvez você precise estimular quem lhe dá o feedback ou considerar por si mesmo as consequências.
- **Agradeça ao doador do feedback.** Não se envolva em uma discussão, caso contrário será pouco provável que lhe deem algum retorno outra vez. Diga algo como: "Obrigado(a) pelo retorno, não tinha pensado nesse aspecto antes. Preciso de tempo para pensar no que fazer da próxima vez". Isso deixa o doador sentindo que você recebeu o feedback positivamente e reconheceu a necessidade de levar em conta o que ele disse.
- **Decida qual curso de ação adotar mas não se precipite em seu processo de decisão.** Em uma situação de trabalho formal poderíamos nos sentir sob pressão para nos comprometermos de imediato com alguma coisa. Não faça isso. Você precisa de tempo para considerar o que foi dito e permitir-se o espaço para resolver qualquer reação emocional que possa ter tido com o feedback. No exemplo de Mo Nazam a seguir, muito envolvi-

mento emocional poderia ter bloqueado um bom julgamento, mas ele conseguiu se distanciar do que poderia ter sido uma reação nociva. Então, você pode decidir sobre o curso de ação. Lembre-se de que, embora naturalmente tenha o direito de discordar do que foi dito e decidir não agir com base nisso, vale a pena garantir que o considerou cuidadosamente antes de agir assim. Pergunte a si mesmo: "Eu tinha consciência disso?"; "Alguém mais disse algo similar?"; "Eles têm alguma razão?"

> *Fiquei muito amigo de um brilhante guitarrista chamado Phil Hillborne. Costumávamos conversar por horas ao telefone sobre guitarristas e tocar guitarra, trocávamos gravações e, em geral, alimentávamos a paixão um do outro por tocar. Ele costumava demonstrar guitarras em shows comerciais e certa vez, quando eu estava tocando uma das guitarras, falou: "Você é um músico muito bom, Mo, mas o seu vibrato é *****". Ele tinha razão.*
> *O vibrato é a marca registrada da personalidade da sua guitarra e um bom vibrato pode ajudá-lo a soar de maneira mais individualizada. Eu podia ter desistido da brincadeira, mas em vez disso trabalhei duro para melhorar meu vibrato durante o ano seguinte. Desenvolvi exercícios, observei vídeos de grandes intérpretes como Peter Green e ouvi como os cantores (particularmente Aretha Franklin) usavam o vibrato. Pratiquei todos os dias e de fato trabalhei nos sutis movimentos do pulso e dos dedos necessários para realmente controlar o vibrato. Anos mais tarde eu estava em uma loja experimentando uma guitarra e havia um homem idoso sentado ali, só passando o tempo. Devolvi a guitarra ao vendedor da loja e, quando ia saindo, o homem bateu-me no ombro e disse: "Você tem um bom vibrato, filho". Meu trabalho duro valeu a pena.*
>
> MO

Aceitando elogios

Em minha experiência, aqueles que acham difícil aceitar críticas também consideram difícil aceitar elogios. Algumas pessoas ficam embaraçadas quando recebem louvores. O elogio também é um feedback, mas algumas das regras para críticas apresentadas antes podem não ser aplicáveis aqui com tanta facilidade. Pode ser embaraçoso pedir um exemplo específico de elogio sem ser visto como alguém à caça de comentários positivos sobre si mesmo ("Não fui brilhante? Agora me diga por quê"). Assumindo que você sentiu que o elogio era sincero – muitos gerentes, por exemplo, distribuem elogios vazios a torto e a direito porque acham que é a coisa certa a fazer –, você pode considerar valioso examinar as coisas boas que fez. Muito esforço, muita prática, tarefa agradável, algo diferente? Todas essas podem ser as razões para seu bom desempenho. Essa análise pode dar-lhe uma janela útil para seu próprio ser e o que torna algo prazeroso para você. O prazer usualmente conduz a uma melhoria no desempenho.

Fui assistente do diretor de assuntos corporativos durante um ano e meio. Era uma função muito estressante, pois ele era muito desorganizado e ineficiente, embora fosse querido por muitos devido ao seu grande carisma e charme. Senti que as pessoas iriam me cobrar pela ineficiência dele, mas, embora me fizessem suar a camisa enquanto eu estava naquele cargo, no final o feedback dos colegas foi de que eu havia feito o melhor possível para fazer as coisas avançarem, apesar da óbvia desorganização do sujeito. O retorno me ajudou a aprender algumas lições importantes. Deu-me uma experiência inicial com o que chamo "as grandes feras" – os grandes egos que tendem a dirigir o show –, de modo que pude verificar como eram realmente e me acostumar a lidar com eles. Também me fez perceber que as pessoas compreenderão o ambiente em que você está operando e farão algumas concessões por isso. Compreendi que o carisma pode lhe valer um emprego, mas que você precisa de um nível de eficiência e de resultados caso pretenda conservá-lo (o que o diretor de assuntos corporativos não conseguiu). Agora, no meu trabalho, sempre que as coisas ficam difíceis, recordo aquele cargo e a vida jamais parece tão ruim agora, uma vez que, qualquer que seja o nível de pressão, estou (a maior parte do tempo) no controle.

Jonathan

Isso reforça o ponto sobre ser específico. O feedback deve ter sido bom se lhe traz elogios. Dá uma sensação gostosa. Mas torna-se infinitamente mais valioso se você for capaz de ser específico sobre o que fez para tornar-se bem-sucedido.

Autoavaliação honesta

Receber feedback dos outros não descarta a autocrítica. Como vimos antes, esta pode ser catalisada pelo feedback. Contudo, você não deveria esperar por isso. Assim como a persistência pode permitir-lhe desenvolver bons hábitos que resultam em melhor desempenho, você também pode desenvolver maus hábitos, como muitos esportistas podem atestar, a menos que consiga desafiar de uma maneira construtiva o que está fazendo. Isso não significa paralisar a si mesmo por um excesso de análise. Mas significa uma autoavaliação honesta e regular.

Estar aberto para feedback – resumo

- Veja os retornos de feedback como algo maior do qual você é uma parte central, e não como algo que acontece a você.
- Use o feedback, não importa quão inadequadamente seja dado, como uma oportunidade para melhorar – porque você pode – e não como uma razão para diminuir sua confiança.
- Relacione o feedback a uma experiência específica e se pergunte como você a faria de modo diferente/melhor da próxima vez.
- A crítica também pode ser elogiosa. O melhor retorno é com frequência uma mescla do que você fez bem e do que pode ser melhorado.
- Sem o feedback você fica imobilizado. Dê boas-vindas a ele – ainda que talvez não fosse o que você estava esperando.

Fator da sorte 7 – Moldando sua aprendizagem

> *Se é isso que os melhores fazem, então sou um idiota por não seguir o conselho deles.*
>
> MO

Até os 20 anos você pode ter sido obrigado a atuar em ambientes onde os outros – talvez quase todos – pareciam melhores que você em desafios acadêmicos ou esportivos. Nos esportes da escola você pode ter ficado dolorosamente consciente disso caso tenha sido um dos últimos a ser escolhido para uma equipe, depois de os melhores jogadores terem sido repartidos entre os dois capitães dos times. Ou talvez em matemática sempre houvesse um "geninho" no assunto que o tornou muito consciente de que você não era um. No pior dos casos, essa pode ser uma experiência humilhante.

Na escola talvez você não conseguisse escolher suas arenas de desempenho e por isso resolvesse "encontrar seu próprio lugar". Talvez você partisse da suposição de que esse lugar era entre pessoas dos mesmos níveis perceptíveis de capacidade que você (a palavra "perceptíveis" é chave aqui). Para oferecer o melhor desempenho de que você seja capaz, é importante "desaprender" essa estrutura mental negativa. Muitas vezes racionalizamos nossos níveis de capacidade do seguinte modo: "John é brilhante em matemática porque é muito inteligente. Eu não sou brilhante em matemática e portanto não sou muito inteligente".

Há duas coisas a considerar aqui:

- Há sempre o "melhor de todos". Mas essa pessoa só é a "melhor de todas" naquele momento.
- De qualquer modo, o que isso importa? Para todos, exceto para os supercompetitivos, é muito mais útil pensar em termos de ser o melhor que você pode ser (o que poderia ser quase sem limites).

Em vez de viver com essa configuração mental nociva, você talvez ache mais valioso perguntar o que pode aprender com os melhores. Quer ser melhor no tênis? Jogue contra tenistas melhores que você. As áreas em que mais precisa se aperfeiçoar serão ampliadas porque seu oponente vai encontrá-las para você. Tais vulnerabilidades podem ficar escondidas diante de jogadores mais fracos porque eles não vão encontrá-las. E contra jogadores melhores você terá mais oportunidades de fortalecer esses pontos vulneráveis porque terá muita prática. Do mesmo modo, se quiser ser um apresentador melhor nas reuniões de equipe, observe pessoas que fazem isso bem e tome notas do que as ajuda a serem boas. E, em seguida, pratique.

O ponto é que você pode escolher ver o sucesso e as realizações de outras pessoas como algo que *amplia sua percepção* de conquistas ou capacidades inferiores. Ou pode usar as realizações delas como o seu próprio aguilhão.

Essa "moldagem" vem em duas formas e combina duas coisas que aparecem regularmente neste livro: a cabeça e o coração. No tocante ao coração, pode-se buscar inspiração nos outros – alguém fez isso, mostrou o que é possível. Em relação à cabeça, você precisa conhecer as ferramentas práticas que vão ajudá-lo a melhorar. Essa combinação de inspiração e prática fornece uma dinâmica muito poderosa, que vai servir de combustível para seu próprio desenvolvimento.

Inspiração – o que é possível?

> *Quando eu tinha 12 anos Martin Cross veio falar na minha escola. Martin havia acabado de ganhar uma medalha de ouro em remo nas Olimpíadas de 1984. Foi uma grande impressão. Alguém fez algo possível. Eu só pensei: "É um cara comum que fez uma coisa extraordinária". Ele fez o melhor possível com o que tinha. Não sou ligado em figuras heroicas, mas modelos de conduta são muito importantes.*
>
> Greg

Os pioneiros conseguem demonstrar a arte do possível. Fazem coisas que não tinham sido conseguidas antes. Essa é uma espécie de figura inspiradora. Outros fazem coisas que haviam sido feitas, mas as fazem de um tal modo que repercutem em você – através da força da personalidade, com humor, ou com uma abordagem original.

Greg conseguiu seu modelo na escola, embora ele tenha claro que, no seu caso, a figura heroica, inspiradora, não é tão importante. De fato, muitos de nós obtemos modelos de conduta ou figuras inspiradoras na escola. Os professores de que você se lembra melhor podem não ser recordados por alguma coisa em especial que tenham dito, mas por um sentimento que o agitou, pois o fizeram enxergar que os livros, a ciência, os esportes ou a música podem ser interessantes.

Isso não é apenas uma coisa da idade ou da escola. Uma amiga minha, Helene, iniciou lições de canto aos 67 anos e terminou viajando pelo mundo inteiro com o London Philharmonic Choir. Quando conto essa história em público, posso sentir uma grande dimensão da arte do possível entrar de repente na sala. Tenho certeza de que você pode pensar em alguém na sua vida que fez alguma coisa que o inspira.

É difícil escrever sobre fontes de inspiração porque são tão únicas e pessoais para cada um de nós, mas aqui estão três coisas para se pensar:

✤ Helene não foi "sortuda". E nem Greg Searle ou Martin Cross. Eles fizeram muitas coisas para criar a sorte. Quando você olha mais atentamente para aqueles que parecem ter toda a sorte do mundo, percebe que realizaram algumas ações muito específicas para colocar em marcha todo o processo – foram jogadores ativos em sua própria vida, e não indivíduos passivos esperando que a sorte acontecesse. Se você pensa que as pessoas *criam* boa parte de sua sorte, acabou de dar um passo no sentido de usar o sucesso alheio para se inspirar.

- A inspiração muitas vezes vem daqueles que mantêm valores profundamente arraigados e vivem por eles, como, por exemplo, Nelson Mandela ou Aung San Suu Kyi. Como indiquei no Fator da sorte 1, seus valores fornecem um forte compasso, moral ou de outro tipo, em direção ao que desejar seguir. Inspirar-se em figuras aparentemente quase intocáveis pode ajudar, porque elas mostram o que é possível.
- A inspiração também ajuda a não pintar as figuras inspiradoras como divindades. Como alguém certa vez observou: "Jamais conheça os seus heróis!". Você não está usando necessariamente a vida inteira deles como uma base de inspiração, mas antes o que fizeram especificamente. Todos nós temos vulnerabilidades, então dê-lhes algum desconto – sejam eles modelos de conduta ou heróis.

Ferramentas práticas

> *Fui a muitas sessões de música e fiz um esforço consciente para ver os melhores. Notei desde aquele tempo que alguns dos meus contemporâneos estavam desistindo. Eles diziam: "Nunca vou ser tão bom. Desisto". Eu dizia: "Não, eu quero ser assim", e saía para praticar. Eu moldava constantemente meu aprendizado naquilo que os melhores podiam fazer.*
>
> MO

O elemento prático para moldar significa usar a sua cabeça para identificar as ações específicas que você precisa fazer para desenvolver seu conhecimento e suas habilidades. Isso poderia vir formalmente, por meio de um orientador ou mentor, por exemplo, ou menos formalmente, através de suas próprias observações dos outros. Eis algumas dicas:

- A disposição para aprender a partir dos outros sempre começa pela autoadmissão da sua própria vulnerabilidade:
  "Não sei isso e preciso saber."
  "Não sei tudo e não posso saber."
  "Isso não foi bom. Preciso ser honesto e admitir que simplesmente não sei como fazer isso."
  (Há mais sobre essa admissão de vulnerabilidade no final desta seção.)
- Você também precisa construir o sucesso:
  "Certo, cheguei até aqui por mim mesmo. Agora preciso começar a olhar mais o que os outros fazem."
  "Isso foi realmente bom, o próximo passo é ter algumas lições."
- Ouça o que é dito com a mente aberta. Você não está necessariamente buscando o conselho perfeito para copiar; está recebendo uma revelação de outra pessoa que experimentou coisas similares.
- Preste atenção aos sentimentos. Não olhe apenas para as coisas específicas que os modelos de conduta fazem, mas examine o modo como expressam seus sentimentos acerca dos problemas que enfrentaram.
  "Isso pode ser muito frustrante."
  "Levei horas para fazer certo essa parte."
  "Simplesmente não deu a sensação de algo natural no início."
  Às vezes é bom simplesmente saber que você não é a única pessoa no mundo que enfrenta desafios.

- Por vezes os modelos de conduta plantam sementes em vez de transferir o poderoso carvalho. Aprenda a cuidar da semente – e crie sua própria versão do poderoso carvalho. Vai ser diferente.
- Esteja você aprendendo pela observação ou por meio de uma orientação formal, aproveite a chance para praticar em seguida o que você viu, o mais cedo possível. Isso reforça a aprendizagem. Em estruturas mais formais de ensino os treinadores dizem que até 80% da aprendizagem é perdida em sete dias se os participantes do curso não reforçarem a aprendizagem por si mesmos.
- Se você estiver sendo formalmente treinado, precisa aprender o estilo de seu treinador. Alguns gostam da centelha de uma discussão mais acalorada – ideias sendo arremessadas de um lado para o outro – enquanto outros preferem o oposto. Aprenda a se adaptar.
- Quando você estiver sendo formalmente orientado, seja um participante ativo da sessão de orientação – faça perguntas e diga como se sente:

  "Achei isso meio difícil."

  "Você pode me mostrar outra vez?"

  "Estou me esforçando para pegar o jeito."
- Mostre humildade em sua fonte de inspiração e aprendizagem. O músico Neil Young reconheceu o quanto aprendeu com o músico folk escocês Bert Jansch apenas ouvindo o modo como ele puxa as cordas e seu estilo na guitarra. Na verdade, Young ainda aprende com ele, depois de 40 anos. (Você provavelmente não ouviu falar de Bert Jansch, que morreu em 2011. Ele tinha um som relativamente pouco comercial, que recompensa uma escuta paciente e persistente.) Esse é um ótimo exemplo de um músico internacionalmente

renomado buscando pessoas e lugares interessantes e desafiadores e tendo a mente aberta o suficiente para perceber como eles poderiam desenvolver sua própria habilidade. O aperfeiçoamento do desempenho jamais cessa e tampouco a busca da pessoa e do local que nos permitem desenvolver nossa habilidade. Se você avistar alguém fazendo alguma coisa bem, pergunte-se: "O que ele faz que eu não faço ou não sei como fazer?". Pouco importa quem seja.

- Lembre-se: modelos de conduta – sim; intimidação – não. Há uma diferença sutil entre tomar por modelo e seguir cegamente. O escritor e comentarista social J. B. Priestley, no livro há muito esquecido porém excelente *Over the Long High Wall*, nos lembrou que com demasiada frequência nos encontramos, como ele coloca, "Submetidos ao governo dos ambiciosos (cuja motivação são eles mesmos) e não às regras dos sábios". A política é um exemplo óbvio, mas isso é também comum na vida profissional. Com efeito, qualquer que seja o ambiente em que você opera, provavelmente já se deparou com esses tipos ambiciosos. Às vezes você tem de fazer um pouco o jogo das cadeiras para conservá-los afastados. Mas não toque a canção deles.

"Eu não sei isso"

No Fator da sorte 1, aventei a ideia de que é saudável ser honesto consigo mesmo e com os outros acerca da sua falta de conhecimento e habilidades. Mas, para muitos de nós, pode ser difícil admitir: "Eu não sei isso". Alguns racionalizam isso como demonstração de fraqueza. De fato, para mim, essa admissão é uma forma maior de inteligência. É ótimo quando escuto as palavras:

"Pode me mostrar como fazer isso?", em vez de observar alguém blefando diante de algo que nitidamente não conhece.

A ignorância é uma condição permanente, mas não saber alguma coisa é simplesmente uma lacuna temporária no conhecimento que pode ser preenchida em qualquer ocasião que você queira. Um bom exemplo disso é a tecnologia. Seja em relação a eBooks, um novo celular, apps, redes sociais ou o último desenvolvimento em tablets, você pode acabar se sentindo como se estivesse abaixo da curva, tentando agarrar o conhecimento e sem fôlego em sua corrida para conservar-se atualizado. E, no entanto, terminamos por nos atualizar, mas alguns fazem isso mais facilmente e mais rápido do que outros. Essas pessoas têm uma trama mental do tipo: "É importante que eu saiba isso. Preciso observar o que os outros fazem. Preciso pedir aos outros que me mostrem como fazer. Preciso investigar como ganhar esse conhecimento. Preciso ler um livro sobre isso ou fazer um curso".

Obviamente alguns agem assim mas outros não. Se você é um dos que não, posso ajudá-lo a compreender as razões – os bloqueios.

- **Obstinação**. Pode ser uma força real ou uma vulnerabilidade. É ótima quando se trata de defender valores firmemente sustentados, mas é uma séria limitação quando se manifesta, porque as pessoas não querem ter de pensar além. A teimosia – com frequência expressa como uma rejeição a qualquer coisa nova – fornece um véu conveniente.
- **Sou inteligente**. Portanto, estou certo! As pessoas com a mais alta avaliação de sua própria inteligência (a inteligência é "subjetiva" na minha perspectiva, especialmente diante da multiplicidade das formas existentes) podem pensar que é desnecessário aprender um pouco mais. Isso pode significar o descarte do que

não se adapta a sua visão do mundo e a admissão apenas daquilo que a reforça. Um bom exemplo são as pessoas que só leem um único jornal (e estritamente apenas "um") – aquele cujas posições políticas batem com as delas.

- **Falta de confiança**. Muitas vezes isso é expresso em sua forma mais nociva como "eles contra eu", isto é, todos sabem mais do que eu. Se por vezes você tem esse sentimento, talvez verifique que ele surgiu nos tempos de escola, quando, por exemplo, um aluno destacado se sobressaía no grupo. Ou você simplesmente não tivesse um desempenho tão bom quanto uns poucos. Mas talvez o ambiente não fosse certo para você (o processo formal de aprendizagem na escola não é adequado a muitas pessoas), ou você precisasse seguir o seu próprio ritmo (a velocidade de aprendizagem tem pouco a ver com a capacidade para aprender), ou as coisas em que você estava realmente interessado não eram as coisas testadas (a capacidade artística, por exemplo, que raramente está na lista de prioridades dos assuntos na escola, ficou repentinamente muito valorizada à medida que nosso mundo se tornou hipervisual, baseado em imagens e telas).
- **Meu mundo é o seu mundo**. Existe uma voz muito poderosa dentro de nós que quer dizer a todos o quanto sabemos. Há muitas razões para isso, mas uma delas é que pensamos que a outra pessoa vai ficar impressionada com todo esse conhecimento. Mas a esperteza está, por incrível que pareça, em fazer do modo contrário. As pessoas gostam de falar sobre si mesmas e realmente gostam de quem lhes dá a oportunidade de fazer isso. Então, em um diálogo, tente conduzir as coisas:

  "Essa é uma perspectiva interessante, o que fez você ver as coisas desse modo?"

"Eu não havia pensado sobre isso assim – me fale mais a respeito."
"Que experiência você tirou disso?"
"Como isso faz você ver as coisas por outro ângulo?"

Moldando sua aprendizagem – resumo

- A coisa mais difícil para algumas pessoas é dizer "Eu não sei". Seja honesto consigo mesmo e assuma o que não sabe (ver Fator da sorte 8).
- Se você chegar a pensar "Não consigo fazer isso", lembre que há alguém que já mostrou o que pode ser feito – e, mesmo se não houver, alguém tem de ser o primeiro.
- Se você se molda com base nos outros, precisa mobilizar tanto seu coração quanto sua cabeça. O coração fornece a propulsão; a cabeça, as ações essenciais.
- Ouça e observe ativamente.
- Reforce e pratique.

Fator da sorte 8 – Transformando o medo em realização

Um erro ou uma única experiência ruim pode assumir uma importância fora de qualquer proporção do contexto original. Se você permitir que a pressão se acumule em torno da ideia de que deve evitar cometer o mesmo erro ou um similar no futuro, vai criar uma pressão em torno da situação e tornará mais provável que o erro se repita. Antes, neste capítulo, usei "fazer uma apresentação pública" como exemplo para ilustrar como responder ao fracasso. Podemos usar esse exemplo outra vez aqui. Digamos que você teve uma experiência ruim devido a alguma das razões apresentadas anteriormente – talvez você sofresse para responder a algumas das perguntas difíceis do público. Se você não tratar do assunto depois, aquela situação difícil será traduzida em medo de se repetir e/ou no esforço para evitar a situação em que poderia ocorrer novamente.

De que maneira esse medo se manifesta na prática? Você está fazendo uma apresentação e chega ao ponto em que solicita perguntas aos ouvintes: "Levantei alguns pontos importantes aqui que eu sei que afetam diretamente o trabalho que vocês estão fazendo, e também sei que alguns gostariam de me fazer perguntas...". Acontece que, em vez de fazer um convite confiante aos presentes como esse, sua voz sai tímida e pouco confiante e sua linguagem corporal está na defensiva (talvez até um de seus braços seja colocado cruzando seu corpo ou cobrindo parte da sua face, e você fará poucos movimentos com as mãos ou elas ficarão imóveis). Assim, suas palavras serão passivas: "Alguém tem alguma pergunta?". Você transmitiu seu medo ao grupo por meio do tom de voz, palavras e linguagem corporal, e o grupo responde com um "não" coletivo mas silencioso.

DIL e apreensão

Na introdução deste livro eu me referi àquilo que é conhecido como o seu diálogo interior e – no caso de uma conversa interna positiva – o seu DIL, ou "diálogo interior lúcido". Seu diálogo interior refere-se a uma conversa que você tem consigo mesmo, uma destas duas alternativas:

- **Uma referência ao passado,** em que tenta explicar o que aconteceu com você e por que aconteceu. Você pode, por exemplo, achar difícil circular e manter uma conversa em situações sociais como festas, e acabou por sair cedo da festa da noite passada porque sentiu-se desajeitado (ou ficou realmente bêbado como um modo de tentar lidar com a situação). Ou talvez você jogue em uma equipe esportiva e seu time perdeu feio e você está tentando entender por quê. (Vimos este ponto anteriormente, quando examinamos as explicações para o sucesso e o fracasso.)
- **Quando você olha para o futuro** e tem uma conversa consigo mesmo sobre como pensa que uma determinada situação vai se desdobrar. Por exemplo, talvez precise ter uma conversa potencialmente difícil com um amigo sobre alguma coisa que o irritou. Talvez você tenha concordado em encontrar alguém em um certo lugar e a pessoa não apareceu, assim você quer perguntar a ela por quê. Ou você tem uma importante apresentação a fazer e a anterior não correu tão bem.

Nos exemplos que usei, referi-me a coisas que não correram bem ou à antecipação de algo que poderia não dar certo. Esse diálogo interior refere-se igualmente a coisas que correram bem ou a situações iminentes sobre as quais você se sente confiante.

Todos nós temos essas conversas – o diálogo interior – o tempo todo, e elas podem ser paralisantes ou libertadoras. Nesta seção final, quero examinar como você supera a ansiedade ou mesmo o medo de lidar com uma situação iminente em particular, com a qual você não se sente confortável – aquilo que é chamado de "ansiedade por antecipação". Como você transforma esse medo em uma força positiva?

Eis uma técnica (adaptada do método ABCDE do psicólogo Martin Seligman) para lidar com o pensamento negativo ou excessivamente pessimista e não deixar que ele o controle. A técnica dá um passo adiante porque o move em direção a uma trama mental otimista sobre aquilo com que antes você se sentia incomodado.

O processo tem seis passos:

Passo 1 – Situação

Identifique a situação difícil que você prevê.

Passo 2 – Especificidades

Com o que, especificamente, você está incomodado em relação a essa situação?

Passo 3 – Significado

É importante que você compreenda como seus sentimentos acerca da situação têm impacto no seu comportamento. Está nervoso em relação a alguma coisa? Quais são os efeitos prováveis disso?

Passo 4 – Implicações

Uma dose de realismo é necessária. Primeiro, é mesmo provável que o pior dos cenários vá ocorrer? Segundo, você precisa entender que o impacto antes identificado sobre seu comportamento provavelmente criará a própria situação que você havia antecipado. Em outras palavras, a situação se desdobra como uma profecia autorrealizável.

Passo 5 – Investigação

A investigação injeta uma dose de realidade e transforma os sentimentos negativos em uma configuração mental positiva. Você começa com as seguintes perguntas:

- "Isso já aconteceu comigo antes?"
- "Estou mesmo olhando para o pior dos cenários e encarando isso como se fosse provavelmente acontecer todas as vezes?"
- Muitos de nós tendem a exagerar – exibimos uma pequena dificuldade em nossas mentes e fazemos dela algo mais insidioso. Fazemos afirmações mais que genéricas acerca de nosso nível de capacidade, do tipo: "Eu não sou bom". Então, pergunte-se: "Estou exagerando? Quais dessas ansiedades ou medos específicos são efetivamente verdadeiros ou parcialmente verdadeiros?".

Depois de injetar equilíbrio, você lida com os pontos específicos que levantou no passo 2. Preocupado com a ideia de o equipamento pifar no meio da apresentação? Então, prepare-se adequadamente e garanta com antecedência que o equipamento funcionará, e tenha um plano de back-up. Preocupado com a ideia de que o batedor do time contrário é mais rápido que você e vai chegar antes à bola todas as vezes? Então, desenvolva uma estratégia para lidar com isso – jogue um pouco recuado e neutralize a vantagem no espaço do jogador adversário. Preocupado por não ter credibilidade aos olhos dos outros? Pergunte-se quais passos você deve seguir para lidar com a situação (partindo do pressuposto de que existe alguma verdade nisso): voz, roupas, linguagem corporal etc. É claro que este último ponto é de fato uma questão de vulto e não será resolvida por um simples DIL. Mas isso apontará os aspectos a tratar, a partir dos quais você poderá progredir.

Passo 6 – Dinamismo

Após investigar e obter respostas menos prováveis de que a "situação difícil" se torne real, você poderá agora vê-la como uma oportunidade em vez de algo a ser temido. Agora existe dinamismo e impulso em suas ações porque você desafiou seus medos e desenvolveu estratégias para superá-los.

A abordagem DIL em ação

No Capítulo 6 ("Pessoas") vamos examinar o desenvolvimento de sua rede interpessoal de diferentes maneiras – na base de um a um e em situações sociais, como conferências e reuniões. Vamos demonstrar como usar essa abordagem DIL com um exemplo específico: lidar com a apreensão sentida quando se tem de interagir em rede, em situações de grandes grupos.

Um pensamento final

Quando seu desejo de aprender para, você empaca.

> *Ainda quero ficar melhor. Assumi recentemente o violão clássico em uma base mais formal e atualmente sou professor de violão. É maravilhoso ser músico em tempo integral. Mas eu trabalhei muito duro para me tornar o que sou.*
>
> MO

Transformando o medo em realização – resumo

- Não se deixe conduzir pela conversa interior a um estado de medo ou ansiedade em torno de pequenos problemas.
- Evite criar uma realidade antecipada ao ter uma programação mental negativa.

- Você não tem um nível fixo de capacidade. Conversas positivas consigo mesmo modificam o quadro. A vida não é um fato consumado.
- Os maiores desafios podem ser superados com uma abordagem passo a passo para lidar com suas vulnerabilidades.
- É possível ansiar por alguma coisa com a qual anteriormente você se sentia pouco à vontade.

Desempenho

Uma coisa que notei é que aqueles de melhor desempenho cuidam intensamente de sua própria performance. Eles conservam seus padrões em níveis altíssimos, e, claro, são emocionalmente movidos, mas também têm uma boa vontade para serem orientados que sugere um certo grau de humildade. Não há em parte alguma um sucedâneo para o trabalho duro, e os advogados trabalham muito, muito duro. Contudo – e isso poderia soar óbvio, mas é verdade –, alguns dos melhores conseguem combinar esse trabalho duro com um equilíbrio trabalho/vida. Eles têm outros interesses.

JONATHAN

Fatores da sorte neste capítulo:

Fator da sorte 9 – Trabalho duro
Fator da sorte 10 – Qual é o ponto?

Fator da sorte 11 – Pensando sem pensar
Fator da sorte 12 – Conservando o frescor

O que constitui um "desempenho universal" é subjetivo. Mas alguém com um desempenho brilhante não é. Se olharmos para as pessoas com os melhores desempenhos – quer operem em ambientes profissionais tradicionais, quer pratiquem esportes, toquem um instrumento ou se dediquem à política –, há características-chave que quase todas parecem compartilhar a maior parte do tempo. Este capítulo é concebido para tornar essas características compreensíveis e acessíveis a você, de modo que possa aplicá-las em sua própria vida. Ele se harmoniza com os Fatores da sorte apresentados no Capítulo 1, onde examinamos o nível de afinidade que você tem com o que faz.

Partes deste livro destinam-se a ajudá-lo a ter uma performance em um nível de que talvez você não pensasse anteriormente que seria capaz. Você poderia trabalhar em um centro de telemarketing e querer ampliar suas vendas ao telefone. Poderia ser um líder ou um gerente de uma equipe e desejar desenvolver suas habilidades de liderança. Poderia tocar guitarra como hobby mas querer se aperfeiçoar. Poderia ser um pai desejoso de ajudar seus filhos a se expressarem para o mundo da maneira mais adequada para eles.

Ao longo dos últimos 20-30 anos, as pesquisas nos mostraram que o talento não é o único anunciador do sucesso e pode nem mesmo ser o mais confiável. Com nosso conhecimento crescente de como o cérebro funciona e como certos elementos dele mudam e se adaptam com um estímulo regular (de maneira similar a um músculo do braço que se desenvolve ao levantar peso regularmente), podemos dizer com certo grau de certeza que as dádivas com que você foi presenteado no nascimento são úteis mas não garantem muito em termos de desempenho profissional. Na verdade, o campo da psicologia popular sugere que nada é tão valioso quanto uma prática significativa e com um propósito, quaisquer que sejam os talentos com que você nasceu (*Talent Is Overrated*, de Geoff Colvin; e *Bounce*, de Matthew Syed, são bons exemplos). Essa prática com um propósito o ajuda a aprender, a se desenvolver e a crescer em qualquer arena da vida que você queira, de modo que possa ter um desempenho em nível elevado. Isso, combinado a uma motivação intrínseca – seu desejo interno de atuar em uma esfera particular –, resulta em uma combinação vencedora.

Fator da sorte 9 – Trabalho duro

O trabalho duro vence

Nigel Roberts foi capitão da equipe de mais de 35 anos de hóquei no gelo da Grã-Bretanha. Desde que se afastou do esporte, continua como treinador em seu clube, Hull Kingston Cobras. Ele teve uma grande chance de ver como os jovens se desenvolvem ao longo do tempo. Notou que aqueles que foram para o esporte aos 12 ou 13 anos e se deram bem logo de cara com frequência não eram os que têm sucesso aos 18, 19 ou 20 anos de idade. Diz Nigel:

> *O que parece acontecer é que aqueles que atribuem o seu sucesso ao talento partem do pressuposto de que a curva do sucesso continuará a crescer para eles porque são talentosos. Os jovens que alcançam o sucesso mais tarde frequentemente o conseguem porque tiveram de trabalhar duro para se tornarem bons. Eles compreendem como superar o fracasso e o desapontamento porque para eles a trilha até o topo foi mais difícil. O talento leva você até determinado ponto,*

mas o trabalho duro é o que realmente o coloca no alto. Também notei isso em outros aspectos da vida. O que é importante para mim é que, se você tiver aptidão para alguma coisa, é uma mistura muito poderosa se puder combiná-la com o trabalho duro. Mas, para mim, trabalho duro é a pedida.

Nós adoramos soluções rápidas. Por exemplo, todos sabemos que o melhor meio de perder peso efetivamente é comer menos e se exercitar mais. Mas isso não nos impede de gastar bilhões em dietas com pouca evidência para sua eficácia. Queremos evitar a parte do exercício porque leva tempo e é difícil. Levando isso adiante, uma rápida zapeada pelos canais digitais mais obscuros da tevê revela uma enorme quantidade de aparelhos para tonificar os músculos/queimar gordura, que aparentemente fazem o "esporte" enquanto ficamos deitados no sofá. Não estou convencido.

O desempenho não vem com uma solução rápida. Ter a melhor performance possível vem com um comprometimento com a imersão e o trabalho duro para levá-lo até o nível em que você quer atuar. Winston Churchill, quando interrogado sobre seu aparente brilhantismo em discursos públicos "saídos na hora de sua cabeça", replicou: "Discursos de improviso não valem o papel em que são escritos". Ele passava dias inteiros para tornar seus discursos perfeitos.

Eu sou como sou?

Um ponto de partida realmente importante para atuar bem é a crença de que você pode e vai ficar melhor. Qual é o sentido de trabalhar duro se você não acredita nisso? Esse ponto não é tão óbvio e universalmente creditado como você ou eu poderíamos pensar. Você não deve simplesmente aceitar que existe um limite predeterminado na sua capacidade, definido pelo seu nascimento. O Fator da sorte 5, "Conhecendo sua capacidade", indica por que alguns de nós temos uma tal visão limitadora do que podemos fazer. Muito provavelmente você só terá um desempenho até o nível de que pensa que é capaz, embora todos nós nos surpreendamos algumas vezes – o que deveria ser evidência suficiente de que existe muito mais em você do que você pensa.

Vale a pena capturar esses momentos de surpresa, e eles não deveriam ser vistos como "sorte de principiante" ou alguma outra perspectiva fatalista desse tipo. Isso porque a abordagem fatalista não permite que as necessárias adaptações físicas e psicológicas sejam feitas por meio do trabalho duro. De fato, avanços na compreensão humana – neurológicos e de outros tipos – estão começando a indicar que você pode mudar e efetivamente o faz se estiver disposto a investir tempo para fazer essas mudanças.

Alguns estudos mostraram que certas partes do cérebro têm efetivamente um certo grau de plasticidade quando expostas a novos estímulos. Um estudo atualmente fundamental conduzido no ano 2000 mostrou que uma parte do hipocampo do cérebro (que se acredita ter alguma responsabilidade na percepção espacial) nos motoristas de táxi de Londres era maior do que no grupo de controle e proporcionalmente maior nos motoristas mais experientes. Não estou fazendo a afirmação de que o cérebro está se expandindo e se contraindo o tempo todo, dependendo dos estímulos a que está exposto naquele momento particular. Mas de fato parece haver uma clara evidência de que a estimulação cria uma atividade elétrica ampliada na parte apropriada do cérebro, e este faz, com o tempo, as adaptações que permitem que você melhore. Seus circuitos básicos – a essência da sua personalidade – não mudam. Mas seus circuitos mais flexíveis – os elementos seus e do seu cérebro que são capazes de mudar com a exposição regular a novos padrões de pensamento e comportamento – de fato mudam.

É nesse ponto que o Fator da sorte 1 é mais uma vez tão importante. Você simplesmente não vai pressionar para o tempo esticar caso faça coisas pelas quais não sente afinidade. Mas os resultados podem ser maravilhosos se você sentir afinidade, acreditar que quanto mais investir mais poderá retirar, e que poderá ter um desempenho além dos níveis de que imaginava ser capaz.

Vamos dar um exemplo da vida real. Você pode ser um supervisor ou um gerente que deseja ser melhor na tarefa de administrar pessoas. Compreende que precisa mostrar mais empatia com a equipe, entender as coisas do ponto de vista dela, em vez de apenas dizer-lhe o que fazer. Então você tenta. Talvez no início não pareça natural, mas com o tempo, através da prática, seu cérebro e o modo como você pensa se adaptam e aquelas características do administrador empático tornam-se mais naturais a você – se estiver disposto a investir esse tempo. Você sente-se mais à vontade em seu novo entorno comportamental porque o seu cérebro, desenvolvendo-se por meio da experiência, assegura isso.

A mielina é uma gordura que reveste terminações nervosas (criando a bainha de mielina) no cérebro e que acelera as "conexões" entre diferentes partes dele. A neurologia está nos mostrando que essa estimulação modifica nosso cérebro extremamente plástico, permitindo-nos desenvolver as partes dele que facilitam o aperfeiçoamento e a excelência no desempenho. Se você quiser que seus braços fiquem mais fortes, você os exercita. De maneira similar, não é um salto tão grande sugerir que, se você quiser ser um melhor administrador no trabalho por mostrar mais empatia, precisa praticar.

Prática com propósito

Quando eu tinha uns 14 anos notei uma velha guitarra elétrica Woolworths debaixo da cama de meu irmão. Ele nunca a usou, então perguntei se podia pegá-la emprestado. A partir daquele momento, soube que isso era "eu". Toquei pelo que pareciam ser horas. Até desisti de brincar com meus amigos na escola para que pudesse praticar (de qualquer modo, não havia playground *na escola). Eu estava trabalhando duro para recuperar o atraso porque sabia que muitos guitarristas bons haviam começado bem mais jovens do que eu. Nesse estágio, meu aprendizado não havia sido formalizado de maneira alguma. Eu me dirigi a uma escola, onde fiz o nível básico e depois o avançado, mas o tempo todo fiz questão de conhecer músicos e trocar experiências com alunos com os mesmos interesses, e mesmo com pessoas que eu conhecia nas sessões de música. Equilibrei isso com meus próprios métodos de aprendizagem, mais livres. Bem no início dos anos 1980 comprei por um preço bem alto diversos exemplares da revista norte-americana* Guitar Player. *Na última capa havia sempre uma extensa matéria sobre diferentes aspectos da técnica, escrita por algum dos grandes guitarristas da época – Frank Zappa, Larry Coryell ou Robert Fripp, entre outros. Ali pude aprender o básico de coisas como a harmonia.*

MO

Aqui Mo fala da imersão e do trabalho duro de que precisava para chegar a ser bom. Muitas pesquisas indicam que, embora o talento inato ajude, o que parece separar aqueles de máximo desempenho do restante é a quantidade de tempo que estão dispostos a investir em si mesmos para atuar – essa é a parte do trabalho duro.

Mas, na verdade, é bem mais do que isso. Não apenas o investimento de tempo é importante, mas também deve haver um *propósito* nesse investimento. Se você quiser saber mais sobre isso posso recomendar o bem-fundamentado livro de Matthew Syed, *Bounce*.

A prática e a dor da repetição

A repetição pode ser entediante. Um dos modos pelos quais você pode testar quão "intrinsecamente motivado" está para fazer alguma coisa virá de quanta dor (particularmente na atividade física) pode suportar e quão preparado está para continuar praticando algo que irá ajudá-lo a ficar melhor. Um meio para superar a dor – física ou mental – é pensar sobre como vai se sentir quando tiver alcançado o que está praticando (ver "Prática e autoatualização", adiante).

Permita-me apresentar um exemplo pessoal. Tenho sido um nadador mais ou menos sério há dois anos. Quando comecei a nadar, pretendia perder peso. E perdi. Mas rapidamente compreendi que precisava de mais. Eu gostava de nadar – tinha a afinidade que declarei ser tão importante –, mas precisava ter razões maiores para estar na água. Não engordar não era mais o suficiente. Então entrei em uma "nadomaratona" de 2,5 quilômetros (cem comprimentos da piscina) e treinei para ela. A primeira vez que nadei cem extensões sem parar, na prática, foi uma sensação absolutamente fantástica. Então, para me conservar interessado, estabeleci para mim mesmo uma meta de tempo e a cumpri no evento da "nadomaratona". Tão logo a completei, resolvi entrar no ano seguinte e estabeleci uma nova meta temporal (7 minutos mais rápido) e também a cumpri. No momento em que escrevo estas linhas, cortei mais 10 minutos do meu tempo para 2,5 quilômetros, de modo que por ocasião da próxima "nadomaratona" deverei estar uns 20-22 minutos mais rápido do que há pouco mais de dois anos. Toda vez que entro na piscina tenho um propósito. Ele evita o tédio e a dor da repetição – nadar de um extremo a outro da piscina sem propósito algum pode ser de fato muito enfadonho. Recentemente venho trabalhando para reduzir a proporção de braçadas de nado de peito em relação às de estilo livre, de modo que eu possa fazer com facilidade cem extensões da piscina em estilo livre sem absolutamente nenhuma braçada de nado de peito (o estilo livre é muito mais rápido e fisicamente mais exigente que o nado de peito). Eu vario. Quanto mais treino na piscina, melhor é a sensação quando termino – a sensação de orgulho, particularmente se tiver cortado alguns segundos do meu tempo, e também sinto aquele "barato" da liberação de endorfina que o exercício físico pesado dá a você.

Ora, essa "prática com propósito" é pessoal. Isso funciona para mim e o tipo de pessoa que sou. O que vai funcionar para você nem sempre bate com seu tipo de pessoa, mas aquele propósito tem de estar lá se você quiser melhorar. Fazer isso passo a passo, dia a dia, parece ser o modo adotado pela maioria das pessoas de bom desempenho, que têm sempre na mente a grande meta da performance. Essa abordagem passo a passo é mais desenvolvida no Capítulo 5, "Propósito", no qual são fornecidos exemplos específicos, relacionados a aprender uma nova língua e falar em público.

Prática e autoatualização

Conservar o objetivo do desempenho na mente – ou autoatualização – estimula uma sensação ampliada da motivação. É o que o leva a seguir em frente: se conseguir ver a si mesmo atuando bem no campo que escolheu, isso vai criar um grande senso de propósito enquanto você desenvolve as habilidades que vão ajudá-lo a alcançar suas metas de alto desempenho. Se puder ver isso, mas a visão não for muito energizante para você, talvez esteja desperdiçando seu tempo ao contemplá-la.

Prática e requalificação

Uma das coisas que me fascinam é o quanto as gerações mais jovens parecem conhecer sobre o mundo, quando todos parecem querer menosprezar as realizações educacionais ("Os exames eram muito mais difíceis no meu tempo"). Quem sabe? A questão de saber se os exames costumavam ser mais puxados é sem sentido, e as respostas são muitas vezes autojustificantes. Crianças de 7 e 8 anos parecem saber coisas que eu definitivamente não sabia quando tinha a idade delas. O ponto é que o conhecimento que nos leva tão longe rapidamente é suplantado pelos avanços tecnológicos, por pessoas que simplesmente sabem mais do que nós (o que pode ser muito difícil de admitir) e pela satisfação com nosso próprio nível de desempenho. Qualquer que seja a idade delas, as pessoas que têm uma boa performance requalificam sua experiência e sucessos anteriores. Então:

- Acompanhe as novas técnicas e abordagens – não as descarte simplesmente.
- Pergunte-se: "O que ainda estou fazendo que se tornou obsoleto?"
- Mostre disposição para desenvolver suas habilidades, independentemente de sua idade e sucessos anteriores (ver a citação de Jonathan no início deste capítulo).

Trabalho duro – resumo

- As pessoas de melhor desempenho trabalham duro.
- Deve sempre haver um propósito para esse trabalho duro.
- Também deve sempre haver um propósito quando se desenvolvem novas habilidades.
- Use o "você futuro" como uma ferramenta motivacional.
- Não se deixe ficar para trás devido à complacência.

Fator da sorte 10 – Qual é o ponto?

No último Fator da sorte, falei sobre a necessidade de criar propósito quando você pratica – seja tocando guitarra, nadando ou aperfeiçoando suas habilidades para apresentações em público. Neste Fator da sorte eu levo essa ideia para um nível existencial, mas não menos prático. Isso diz respeito à própria razão pela qual você escolhe um meio particular de ocupação e ao papel que desempenha quando está "ocupado". Poderia significar, por exemplo, uma avaliação precisa do que os outros realmente precisam de você e/ou você ter clareza quanto ao que leva para uma equipe ou um grupo. Talvez a própria razão para você ir bem em uma esfera específica seja que traz individualidade para seu papel, mas essa individualidade pode facilmente se perder à medida que você fica enrolado nas rotinas do dia a dia.

Qual é o meu papel? Estando aqui para os outros

Os seis entrevistados e incontáveis outras pessoas bem-sucedidas com que trabalhei compartilham uma clareza absoluta acerca do que estão destinados a fazer em suas arenas escolhidas de desempenho. É interessante, em todos os casos, que haja uma referência regular a outros envolvidos e como o que essas pessoas bem-sucedidas fazem precisa se relacionar ao mundo dos outros. Estas palavras de Jonathan, que trabalha no que poderia ser chamado de ambiente de escritório convencional, confirmam esse ponto:

> *Sempre me pergunto: "O que eles querem de mim?". Como proporciono um serviço para aqueles que trabalham comigo, tenho de ter clareza a respeito desse ponto. Isso muda de trabalho em trabalho, mas é importante encontrar uma resposta. No meu atual cargo, por exemplo, preciso exibir um grau razoável de "intelecto" – um pré-requisito entre os advogados. Também preciso ser articulado – expressando com clareza minhas ideias, mas também me comunicando efetivamente. Ganho credibilidade se conseguir fazer essas coisas. Além disso, valem a disposição para eu mesmo ter ideias e, devido à natureza do trabalho que faço, ser um capacitador, e não um bloqueador das ideias dos outros. Preciso tornar o trabalho deles mais fácil de fazer.*

Para Adam, existe uma série de filtros que ele usa para ajudá-lo; mais uma vez, um aspecto-chave é ser capaz de viver no mundo das outras pessoas. Isso é simplesmente tão importante em um ambiente altamente criativo quanto em um ambiente de escritório:

> *Tenho numerosos filtros que me ajudam no meu trabalho. Um dos maiores é: "O que há nisso para mim?", no que diz respeito ao público ou ao usuário. Deveria haver um benefício nítido para eles. Deveriam estar tendo uma necessidade atendida ou um*

desejo realizado. Outro importante filtro é perguntar: "Eu faria isso?". Para ilustrar esse ponto, lembro-me de alguns anos atrás estar em uma reunião sobre comercialização de banda larga com um punhado de funcionários governamentais e especialistas da indústria. Algumas das pessoas na sala estavam apresentando exorbitantes modelos de subscrição. Então, fiz esta pergunta: "O.k., quem meteu a mão no bolso para comprar essa espécie de conteúdo on-line nos últimos seis meses?". (Isso foi há alguns anos.) Ninguém tinha. Ao que a resposta óbvia era: "Então por que vocês pensam que outra pessoa iria comprar?".

(Um terceiro "filtro" de Adam aparece mais tarde, na seção "Detalhes".)

Para Michele, a mesma atitude é verdadeira. Ela enfatiza o cliente em seu comentário:

Acho importante a pessoa calçar os sapatos dos outros. Eu me pergunto: "O que meus clientes querem?" (no sentido mais amplo do que chamamos de "clientes"), e não simplesmente: "É isso o que faço e você tem mais é que precisar disso". Meu estilo de comunicação baseia-se nessa premissa e a utilizo com colegas, clientes, funcionários públicos e ministros. Quero ser capaz de dizer: "Ouvi você, escutei aquilo de que precisa e é assim que posso ajudar".

Portanto, para resumir, pergunte-se o que é que os outros querem de você. Não imagine – vale a pena perguntar se não tiver certeza. Como Michele sugere, oferecer o que é mais fácil para você pode não ter qualquer relação com o que é desejado pelo outro. Poucas pessoas parecem compreender isso.

Qual é o meu papel? – Como parte de um grupo

Um atleta de elite tem claramente um papel primordial em maximizar seu desempenho no esporte que escolheu. No entanto, se ele operar como parte de uma equipe, cada pessoa precisará descobrir um papel para si mesma em apoio ao time. Para Greg, isso significa o seguinte:

> *Eu encorajo a equipe a conservar a perspectiva – todos eles têm entre 23 e 28 anos. Podemos reclamar sobre os novos óculos de sol que ganhamos ou outros presentes do patrocinador, mas lhes lembro que conservem a perspectiva. Posso agir como uma "ponte" entre atletas e treinadores, mandando a bola de volta para eles quando a situação exige.*

Tantos de nós operam em grupos – em equipes de trabalho, clubes, academias e até mesmo como parte de uma família –, que é importante ter clareza sobre o que você traz para o grupo. O papel de Greg, dada sua idade (40 anos) e experiência em relação a seus colegas, é usar sua sabedoria adquirida em benefício da equipe. O seu desempenho não é finito: ele tem de se relacionar com o desempenho do grupo ou da equipe como um todo e você deveria avaliar nesses termos o que faz e como faz.

Os papéis gerais que precisam ser desempenhados nos grupos incluem:

- ✤ **Líder**. Isso não tem nada a ver com ser um gerente. É sobre os outros olharem para você em busca de orientação porque o respeitam: você tem boa reputação, sua credibilidade é alta ou você tem experiência (ou tudo isso junto). Esse papel é dividido em dois – a abordagem "ordene e diga" e o método mais colaborativo, mais consensual. Os líderes tendem a ter uma preferência por um ou pelo outro – ver a citação de Greg acima, que sugere uma combinação do líder colaborativo com o "harmonizador" (abaixo).

- **Pensador.** Você tem ideias novas ou oferece perspectivas diferentes? Por exemplo, gosta de atuar como advogado do diabo? Mas sempre expressa suas ideias? Às vezes os pensadores podem ser os mais quietos em um grupo – mas lembre-se de sempre apresentar suas ideias.
- **Harmonizador.** Aqui você fornece a cola emocional para o grupo, reparando relacionamentos, resolvendo desavenças, mostrando empatia e gerando coesão, talvez até mesmo diversão.
- **Fazedor.** Os fazedores se baseiam na ação. Eles veem possibilidades em vez de perigos, e geram positividade em torno do grupo.
- **Realizador/consertador.** Enquanto os fazedores fazem coisas, os realizadores fazem a coisa certa. Eles também são com frequência os consertadores: têm um alto grau de inteligência prática e conseguem chegar ao cerne da questão quando o grupo apresenta problemas.

Você não desempenhará um desses papéis com a exclusão de todos os outros, mas também é pouco provável que vá desempenhar todos eles em proporções iguais. Minha experiência é que a maioria desempenha dois desses papéis intrinsecamente bem, um terceiro relativamente bem e os últimos dois não tão bem. Ainda que eu esteja lhe pedindo aqui para fazer um julgamento subjetivo acerca de qual(ais) papel(éis) vai(ão) melhor no seu caso, você vai considerar valioso obter respostas honestas dos outros. Contudo, como é lembrado em muitas partes deste livro, a autopercepção é uma característica importante, que afeta muitos dos Fatores da sorte, e estar aberto em relação a como os outros o veem realmente ajuda.

Por que os detalhes?

Em algum ponto, a maioria de nós fica cansada com o que está fazendo e para ou aceita que 95% é bom o suficiente. Mas os de desempenho ótimo permanecem firmes, encontrando aquele último bocadinho que transforma uma coisa boa em uma coisa esplêndida. Acredito firmemente que esses poucos por cento extras em termos de esforço são o que separa o indivíduo de desempenho moderado daquele realmente bom. Greg Searle fala do bocadinho extra de esforço que ele dá no treinamento e qual o significado disso para ele:

> *Em certos momentos, percebo a falta de sentido que é isso – trabalhar como louco em uma máquina de remar para cortar um décimo de segundo do meu tempo. Mas, então, dou um passo para trás e vejo o privilégio de ser capaz de fazer isso e o que aquele décimo de segundo pode significar.*

Ao longo de sua carreira, Adam mostrou uma atenção incansável aos detalhes. Perguntei-lhe sobre isso e por que era tão importante para ele. Sua resposta, embora específica de sua situação particular, é reveladora:

> *Um terceiro filtro-chave é o que chamo de "filtro do comportamento efetivo". Uma técnica importante que usamos no Channel*

4 Online é o chamado "projeto centrado no usuário". Ele exige que você focalize as necessidades de seus usuários finais ou clientes e os detalhes de suas circunstâncias e contexto. Com isso em mente, você tem de perguntar: "É isso realmente que as pessoas fazem? Elas realmente se dão ao trabalho de fazer isso?". É uma coisa de real atenção aos detalhes. "Onde elas estão sentadas em relação à tela? Quem está no aposento? Como a interação é controlada? Quem tem o dispositivo de controle?" E são também essas pequenas coisas detalhadas que fazem a grande diferença. Olhe para o iPhone. Possivelmente, não é o melhor smartphone do mundo, mas é um verdadeiro prazer usá-lo. Por exemplo, ele tem poucas animações quando você envia um texto que, embora não sejam estritamente necessárias, transformam uma experiência funcional em algo prazeroso e gratificante.

Sendo "eu"

No Capítulo 2 enfatizei o quanto é importante que, independentemente do que você faça, seja verdadeiro consigo mesmo, ainda que admita que, por vezes, compromissos têm de ser feitos. É realmente difícil ser feliz se você não pode expressar o que o torna "você" de algum modo – ter uma saída para a sua individualidade. Uma citação de Jonathan expressa bem isso:

Na espécie de papel que desempenho, consegui dar um passo para trás e perceber o que é necessário para os outros terem sucesso. Nos últimos anos, trabalhei com duas das maiores firmas legais da Grã-Bretanha, de modo que meus comentários referem-se a advogados, mas tenho certeza de que se aplicam a muitos outros ambientes de trabalho. Primeiro, pode ser útil ser popular, mas, como um de meus colegas disse certa vez: "Se você for bem-sucedido, terá os seus críticos". Sem dúvida você também precisa ter um desempenho destacado, mas um certo grau de individualidade – algo que o coloca em um lugar diferente – ajuda. Por exemplo, na prática jurídica temos muitos advogados que podem se fechar em uma sala e se debruçar sobre um documento de 150 páginas durante uma hora e dissecá-lo bem. Isso é importante. Mas, na verdade, o que é valorizado acima de tudo é a capacidade de conquistar novos negócios. E isso requer excelentes habilidades interpessoais – ter uma personalidade atraente, ser confiante e ver as coisas do ponto de vista do cliente. Pessoas muito brilhantes como os advogados podem facilmente se perder em seu próprio mundo.

A frase "Todos nós somos únicos" tornou-se um dos truísmos da vida – citada a torto e a direito, a ponto de tornar-se trivial. Mas, apesar de sua ubiquidade, acredito absolutamente nela. Isso não significa que você e eu tenhamos de amar e enaltecer as qualidades únicas de qualquer pessoa com que nos deparamos – parte dessa "dimensão única" pode ser irritante, no melhor dos casos. As tentativas na direção de nos forçar a enxergar um punhado de estereótipos simbolicamente interessantes, mas sem sentido, como se fossem "absolutos", nos são pouco úteis aqui.

Você é um de 7 bilhões sem estereótipos e é muito mais interessante por ser assim. O mundo precisa de individualidade como nunca antes. Como afirma a citação de Jonathan, há necessidade de "algo que o coloca em um lugar diferente". O que significa isso para você? O que você oferece e os outros não? De que modo você pode conservar e expressar a sua individualidade?

Qual é o ponto? – resumo

- Seja claro acerca de como o que você faz se relaciona com o que os outros fazem – você não é o fim, você é o início. O que os outros querem de você?
- Siga para os mundos das outras pessoas para compreender melhor suas necessidades.
- Que papel ou papéis você desempenha melhor quando é parte de um grupo?
- Os detalhes separam as pessoas de desempenho "estelar" daqueles que são "apenas bons o suficiente" – faz sentido aquele pouquinho de esforço extra.
- Seja você mesmo.

Fator da sorte 11 – Pensando sem pensar

> *É importante desafiar pressupostos acerca dos modos de fazer as coisas. Só porque não há precedente para fazer algo de um modo particular... bem, com muita frequência, essa é provavelmente uma razão danada de boa para fazer isso desse novo modo.*
>
> Adam

Gerando ideias

Jamais há tempo suficiente. Os prazos finais se aproximam, o correio eletrônico geme sob o peso dos e-mails não lidos, as listas do que fazer cobrem páginas e páginas e, em algum lugar em meio a tudo isso, vem nosso "tempo livre" para os amigos, a família e os hobbies. Colocamos tamanha pressão sobre nós mesmos por estarmos constantemente fazendo coisas, que deixamos escapar todas as possibilidades que poderíamos ter imaginado se tivéssemos nos dado tempo para pensar adequadamente.

Este Fator da sorte não diz respeito a minúcias de como gerar ideias, resolver problemas ou detectar oportunidades. Diz respeito a como criar as condições que lhe permitem fazer as coisas que são vitais para suas chances de ser feliz. Para isso, você precisará abrir a mente e pensar em meios que talvez ainda não tenha considerado. Eis um processo de quatro passos para ajudá-lo:

Passo 1 – Defina e reformule

Ao formular um problema, é fácil criar sua própria barreira em torno dele. Imagine que você vai trabalhar de automóvel e a jornada é sempre estressante. Você não se sente muito capaz de fazer qualquer trabalho quando chega. Sabe que tem um problema. Então, o define do seguinte modo: "Preciso chegar ao trabalho em um estado menos estressado *mas* o trânsito é sempre pavoroso".

A palavra "mas" é uma verdadeira matadora de ideias, e uma afirmação desse gênero, ainda que estritamente verdadeira, não deixa muito espaço para gerar ideias. De fato, há uma aceitação resignada, do tipo: "O que posso fazer?". Você precisa reformular o problema de tal maneira que torne mais fácil gerar soluções. Por exemplo, considere estas duas declarações:

- "Preciso chegar ao trabalho em um estado menos estressado e, portanto, preciso encontrar meios para reduzir esse estresse durante meu trajeto pela manhã."
- "Preciso chegar ao trabalho em um estado menos estressado e, portanto, deveria procurar meios alternativos para chegar ao trabalho. Quais são as opções?"

Para a primeira declaração, encontre respostas como: desligar o rádio, tocar música relaxante, sair mais cedo e descobrir um caminho diferente, mais pitoresco. Para a segunda declaração, pense em fazer o trajeto de trem, de bicicleta, compartilhando um veículo, em uma combinação de métodos de transporte, em descobrir um caminho diferente, mais pitoresco, e em trabalhar mais em casa.

Esses exemplos transformam a formulação de um problema em uma questão/declaração de intenção positiva.

Passo 2 – Reduza a pressão

Em nosso estado atarefado de fazer constante, muitas vezes estabelecemos prazos finais falsos, que afinal não passam de prazos finais para tolos e servem apenas para aumentar a pressão. Isso não permite que o cérebro trabalhe em seu melhor nível. Prazos finais esmagadores exigem respostas imediatas, e, quando forçado a pensar, o cérebro pode apenas apresentar ideias que são óbvias, unidimensionais e uma recauchutagem do que já foi feito.

Pare. Questione a importância do prazo final e veja se você pode estendê-lo – particularmente se ele foi autoimposto. Com demasiada frequência assumimos que uma ação imediata é necessária quando na verdade não é, e muitas vezes podemos encontrar alguns dias a mais (umas duas semanas seriam ainda melhor). Maiores revelações vêm para aqueles que conseguem dar ao cérebro tempo para funcionar em sua plena capacidade.

O psicólogo Guy Claxton referiu-se a isso, combinado com o passo 3, adiante, como o "modo vagaroso de conhecer".

Passo 3 – Use o interruptor mental de penumbra

Assim, você reduziu a pressão. Agora, dê ao cérebro tempo para operar. Acione o "interruptor mental de penumbra" e pare de pensar sobre o problema ou oportunidade por algum tempo. Afaste-se dele. Um interruptor mental de penumbra não vai desligar o seu cérebro totalmente, mas projetará uma luminosidade mais sutil, mais sensual, sobre qualquer coisa que você esteja considerando. No nível consciente, seu cérebro produz ideias que têm sabor de baunilha, porque são as mais fáceis de acessar, mas lembre-se de que o cérebro também trabalha em muitos níveis diferentes.

O interruptor de penumbra dá a seu cérebro uma chance para pensar de modos diferentes – obscurecer seu pensamento consciente o ajuda a pensar mais profundamente. Seu cérebro ainda está trabalhando em coisas enquanto você, de modo consciente, não está. Pense em quando suas melhores ideias vêm à sua cabeça – no banheiro, dirigindo o carro ou andando de bicicleta, tomando uma ducha –, mas provavelmente não quando você está pensando "a sério" sobre os problemas. Amacie todo o processo.

Passo 4 – Capture e desenvolva

Quão seriamente você considera as suas ideias? Se elas pipocam em sua cabeça nos momentos mais improváveis, você precisa capturar seus pensamentos. Por quê?

- Porque eles podem se perder se você não fizer isso. O momento de eureca das 3 da madrugada pode tornar-se a lembrança vaga das 8 da manhã.
- Porque, em sua maioria, os pensamentos e ideias iniciais não são um produto final. São apenas o começo. Você e os outros vão construir sobre esses pensamentos, modificá-los e aperfeiçoá-los, até que você possa perceber um meio de melhorá-los.

Um amigo meu certa vez instalou uma lousa em sua ducha porque era ali que ele tinha suas melhores ideias e receava perdê-las se não as registrasse de imediato.

Pensando sem pensar – resumo

- Desacelere – permita que seus pensamentos o alcancem.
- Diminua a pressão e dê tempo para que seus melhores pensamentos amadureçam.
- Não deixe seus pensamentos jogados à toa até serem esquecidos.
- Reformule e repense seus problemas.
- Evite dizer para tudo: "Não cabe neste caso".
- Aprecie o que o torna diferente.

Fator da sorte 12 – Conservando o frescor

> *Conheço os catalisadores para mim. Dois anos atrás fui aos escritórios do projetista de moda Paul Smith, em Covent Garden, com alguns colegas do Channel 4, e fiquei realmente impressionado com as coisas que ele tinha jogadas ao redor. Isso lembrou-me de que tenho "coisas" espalhadas por minha casa, objetos de que gosto e que estimulam minha imaginação. Suportes de fotos. Lembranças de viagens. Em relação a isso, verifico que uso a arte um bocado. Uma saída ocasional ao cinema ou a uma galeria de arte, mesmo no meio de um dia de trabalho – preciso dessa inspiração para recarregar as baterias criativas.*
>
> Adam

O.k., talvez você esteja pensando "que felizardo" por ele ser capaz de aparecer numa galeria de arte durante as horas de trabalho, mas o ponto aqui é claro. Precisamos saber como, quando e onde somos capazes de nos regenerar – visitar uma área silvestre para recarregar as baterias é um passo atrás em relação ao mundo áspero do alto desempenho. A maioria das pessoas parece precisar disso, embora algumas de fato gostem tanto do que fazem que a ideia de "escapar", ainda que por pouco tempo, não é registrada como uma necessidade.

Aqui vai uma advertência de saúde: a realização por si só não é tão gratificante. Precisa haver um significado ligado a essa conquista, caso contrário você pode terminar sentindo-se vazio – a questão existencial "O que estou fazendo aqui?" se coloca. Isso pode acontecer nos momentos mais inesperados. Veja o caso da medalhista de ouro nos Jogos Olímpicos de 2008, Victoria Pendleton, que falou sobre seu sentimento de vazio após conquistar o ouro e de achar difícil criar "significado" para si mesma ao competir. Você pode perder o significado até mesmo em relação a coisas que ama fazer (e Pendleton disse com frequência que gosta de treinar). É nesse momento que há a necessidade de uma pausa.

Experiências pela primeira vez

No Capítulo 1, no questionário dos Hábitos da sorte, pedi a você para pensar quando foi a última vez que fez alguma coisa pela primeira vez. Quanto tempo você teve de pensar sobre isso? Se não respondeu ao questionário, considere a pergunta agora. É um bom ponto de partida, porque o desafia a pensar sobre os novos estímulos que teve em sua vida no último ano ou coisa assim.

Se você ficar totalmente enrolado no que está fazendo, terminará por parar de ter um desempenho no seu melhor nível porque está faminto por estímulos que vêm de atividades ou pensamentos novos e temporariamente diversificados.

A vida cotidiana pode nos tornar menos sensíveis – quase como se estivéssemos num estado semelhante ao de zumbis. Você não dá prioridade ou se esquece de suas prazerosas atividades de lazer. Você pode ser o tipo de pessoa que adora ir ao cinema ou a um jogo de futebol, mas com tudo o mais você verifica que passou um ano inteiro sem fazer nem uma coisa nem outra. Ou, como a maioria da população, você pode se flagrar comendo os mesmos cinco pratos no jantar, todos os dias de cada semana. É hora de repensar a vida.

Um bom meio de apreciar coisas novas – e de se reapresentar aos velhos estímulos – é dar a seus cinco sentidos um exercício. Eis um exercício útil para ajudá-lo a pensar sobre a última vez que estimulou conscientemente cada um dos seus sentidos, combinado com uma lista das possibilidades de fazer isso num futuro próximo:

Cinco sentidos

sentido	A última vez?	A próxima vez?
Paladar	____________	____________
Tato	____________	____________
Visão	____________	____________
Olfato	____________	____________
Audição	____________	____________

As sugestões para "a próxima vez" poderiam incluir (por favor, perdoe-me se sugiro algumas coisas pessoais aqui):

- **Gosto**. Bom vinho, comida realmente saborosa (cozinhada por você mesmo, então acesse "tato" igualmente).
- **Tato**. O solo, pele (com seda!), alimento, madeira, plantas, seu parceiro, água, pele de animal.

- **Visão.** O ponto mais alto de sua cidade, um novo lugar em cada semana sem importar quão longe seja, arte, uma partida de futebol, o céu estrelado.
- **Olfato.** O campo, uma floresta depois da chuva, café fresco, o mar.
- **Audição.** Música (ao vivo ou gravada), silêncio real, sons ambientais, multidões esportivas, bibliotecas, o coro do alvorecer.

Algumas ideias

Seguem-se algumas ideias para recuperar o frescor:

- **Férias em casa.** Algo que muitas pessoas não consideram. Compreendi o poder disso em minha própria vida alguns anos atrás, quando, vivendo em Londres, decidi passar as férias em Londres em vez de ir para outro lugar. Como um turista em sua própria vizinhança, você vê coisas que normalmente nem percebe, passa batido. E isso é muito importante, porque se você diz a si mesmo: "Casa – ruim, fora – bom", vai ser difícil dissipar a nuvem cinzenta sobre seus arredores quando, na realidade, eles poderiam ser tão mais interessantes do que o lugar para onde está planejando viajar. Não se trata de um argumento em favor de não ir a lugar algum. Longe disso. Mas é um argumento para sentir-se positivo acerca de seu ambiente local e de lembrar a si mesmo para apreciar de tempos em tempos o que está diante dos olhos.
- **Conhecer seus catalisadores.** Lembre-se daquilo que o regenera – todos nós temos padrões que nos ajudam. Cinema, esportes, silêncio, comédia ou uma boa refeição? Ficar paralisado pode significar o esquecimento ou mesmo a perda de nossas

pedras de toque. Circunstâncias domésticas podem lançá-lo no modo "O que não posso fazer", em vez do mais positivo "O que posso fazer", que dispara pensamentos energizantes.

- **Curiosidade.** Jornadas rumo ao desconhecido também são saudáveis. Se você buscar apenas aquelas coisas que já lhe interessam, jamais encontrará algo novo pelo qual se interessar. Isso é limitador, embora cada vez mais provável à medida que você fica mais velho. Como o marxista de Trinidad, escritor e apaixonado pelo críquete C. L. R. James perguntou certa vez: "O que conhece do críquete quem apenas conhece o críquete?". Você precisa fazer algumas viagens psicológicas – levar sua mente a novos lugares. Escreva uma lista de 20 ou 30 coisas que você poderia fazer – por exemplo, ler sobre alguma coisa da qual não conhece nada, colocar algo aleatoriamente no Google e ver aonde isso o leva, tentar um esporte que você jamais experimentou antes, escrever um conto, cantar ou enfrentar um difícil desafio mental. Não julgue sua lista – pense livremente. Agora pergunte: "Como eu poderia fazer algumas dessas coisas?"

Conservando o frescor – resumo

- Aprecie o que está ao seu redor, disponível e até mesmo grátis.
- Estimule regularmente todos os sentidos.
- Entretenha-se regularmente com experiências pela primeira vez.
- Conheça seus catalisadores – as coisas que você pode acessar facilmente, que o relaxam e lhe dão prazer.
- Tente fazer alguma coisa para si mesmo a cada dia – ainda que apenas por alguns instantes.

Propósito

Sempre tenho uma **noção melhor** do que não **quero** fazer do que daquilo que realmente **desejo** fazer. Meu trabalho abrange um ano e meio. Se meu horizonte dos 18 meses seguintes **parecer interessante**, não ficarei com os pés coçando para ir embora. Não tenho essa **visão grandiosa** ou esse grandioso **plano de carreira** que alguns têm. Meu plano de vida é estar sempre **interessado** no que estou fazendo.

ADAM

Fatores da sorte neste capítulo:

Fator da sorte 13 – Ter objetivos definidores da vida
Fator da sorte 14 – Ter um horizonte
Fator da sorte 15 – Viver o momento

O propósito deste capítulo é examinar objetivos. Não há sabedoria consagrada quanto a isso. Alguns de nós gostam de ter objetivos claros, cerradamente definidos, que nos acompanham passo a passo ao longo da vida, acumulando-se numa estratégia para o sucesso nítida e sistematicamente pensada, do berço ao túmulo. Porém, outros – como Adam na citação de abertura deste capítulo – gostam de ter direção (sentir que o que está adiante é estimulante e motivador) –, mas não definem seus objetivos de maneira estreita. Outros, ainda, ficam muito felizes em viver o momento.

Você pode estar se perguntando: "Qual é melhor?". A resposta é que todos são ótimos, então é preciso escolher qual é o certo para você e o tipo de pessoa que é. Você não pode ser forçado em direção a um objetivo de vida pelo qual sente pouca ou nenhuma afinidade ou cuja escala de tempo o torna sem sentido para você. E tampouco pode viver uma vida *ad hoc* (para isso) se a sua preferência é um outro propósito claro. Meu sentimento é que a vasta maioria de nós precisa de propósito, e este capítulo se preocupa com dois aspectos relacionados a isso:

- Ter objetivos definidores da vida.
- Ter um horizonte.

Para equilibrar isso, acredito firmemente que a vida torna-se muito entediante se a encararmos como uma sucessão de objetivos de curto e longo prazo estreitamente definidos. Assim, numa terceira seção, vamos examinar o que seria "viver o momento". Você provavelmente tem uma orientação para apenas uma das três atitudes citadas neste capítulo e isso é legal, então nesse sentido esses três Fatores da sorte não são como os outros 17. Contudo, minha sensação é que todos três se entrelaçam e precisamos de um pouco de cada um deles. Como diz Michele, uma de nossas entrevistadas:

Eu tive meu "plano de vida". Queria ir para a China quando era mais jovem e fui. Trabalhei lá durante dois anos. Agora tenho a tendência a viver mais o momento. Não tenho ideia do que estarei fazendo daqui a cinco anos, mas sei, em termos gerais, o que gostaria de estar fazendo. Sem dúvida fico revigorada com novos desafios.

A espontaneidade de estar preparado para "viver o momento", pelo menos por algum tempo, é saudável. Essa espontaneidade desenvolve um interesse... o interesse torna-se mais do que apenas uma fase passageira... a fase passageira passa a ser algo para toda a vida... os objetivos definidores da vida (Fator da sorte 13) tornam-se operativos. Começamos a querer ser melhores em qualquer coisa que tenha nos atraído, ou a desenvolver um interesse e criar uma estrutura em torno dele que nos ajude a levá-lo um pouco adiante.

No campo das realizações – seja na carreira, seja nos esportes ou nos hobbies –, com frequência escuto: "Você tem muita sorte por estar fazendo o que faz". Mostre-me a pessoa a que se refere e poderei mostrar-lhe, na maioria dos casos, que ela é alguém que trabalhou muito duro, que identificou oportunidades que despontavam ou usou a imaginação para criar algo para si mesma e em seguida foi atrás desse algo. A "sorte" da velha escola tem pouco a ver com isso. Os Hábitos da sorte, sim, têm tudo a ver.

Fator da sorte 13 – Ter objetivos definidores da vida

Para muitas pessoas ter um "objetivo de vida" – com frequência definido quando eram bem jovens – jamais se move realmente da fantasia para a realidade. As circunstâncias assumem o controle, sendo muitas vezes usadas como desculpa para não executar o trabalho extremamente duro necessário para a materialização do sonho. O sonho é encantador; a ideia de trabalhar duro, nem tanto. Sua disposição para realizar esse esforço é determinada pelo quanto você realmente quer fazer a coisa com que sonha. A pessoa que vacila diante do trabalho duro ou dá um jeito de encontrar coisas melhores para fazer provavelmente não deseja realmente aquele sonho.

Para ter êxito você precisa de um claro equilíbrio entre o coração (que proporciona o impulso emocional) e a cabeça (que fornece o pensamento lógico, de visão límpida, que transforma o objetivo de vida – o sonho, a fantasia – em um plano de ação). Haverá reveses ao longo do caminho, que também testarão seu "desejo". Este Fator da sorte focaliza o lado emocional de ter um objetivo de vida – o coração. A mecânica de como isso poderia ser alcançado, por exemplo, colocando marcos balizadores ao longo do caminho, é examinada no Fator da sorte seguinte, "Ter um horizonte". Neste primeiro Fator da sorte eu uso as experiências da piloto de Boeing 747 Bernice Moran como base e, em seguida, examino com mais detalhes cada uma das questões levantadas.

Estudo de caso – Bernice Moran fala sobre o voo

Esbocei o perfil de Bernice Moran na Introdução. Aos 27 anos ela tornou-se a mais jovem capitã da Europa para uma linha aérea comercial (Ryanair) e depois prosseguiu para pilotar Boeings 747 na Virgin Atlantic. Seu caso nos fornece um instrutivo estudo sobre o que é necessário para chegar lá, pois acalentou esse desejo desde a idade dos 6 ou 7 anos. Aos 9, sua mãe morreu e o dinheiro que poderia alimentar seu desejo de voar teve de ser investido pelo seu pai para cuidar dos três filhos. Mas, aos 10 anos, ela entrou no *cockpit* de um avião, teve permissão para assumir os controles por um brevíssimo período e sentiu, em suas próprias palavras: "o fogo em minha barriga". (Ver adiante "1 Testando o desejo".)

Com o fogo ainda ali, Bernice passou pela escola secundária e pela University College Dublin. Ela divertiu-se muito na universidade mas não desperdiçou seu tempo só no bar dos estudantes. Conseguiu um emprego vendendo lingerie em uma loja de departamentos de Dublin para conseguir financiar suas aulas de voo. Graduou-se e, no dia da formatura, seu pai, vendo quão séria e determinada a filha era, concordou em ajudar financeiramente. (Ver adiante "2 Trabalho duro e atração".)

Bernice conseguiu sua licença de piloto e depois treinou e voou com a Ryanair, pilotando Boeings 737. Houve reveses mas, como ela mesma disse, perder a mãe aos 9 anos torna quase tudo o que vem depois pouco difícil. E desenvolveu uma pele calejada:

> *Um dos desafios que enfrento é ser uma mulher pilotando um avião. Apenas 1% dos pilotos de linhas aéreas é do sexo feminino. Se eu saio da cabine de voo, com frequência me passam casacos e outras coisas ou me pedem uma Coca porque alguns passageiros acham que mulheres são sempre comissárias de bordo. Tenho de ser humilde nessas horas, não posso dar uma de "madame". Então, penduro os casacos deles. Ou pego a Coca-Cola. Isso são coisas simples. No lado mais sério, ainda há muitas pessoas que não acreditam que uma mulher deva sequer chegar perto dos controles de um avião de passageiros. Como resultado, enquanto todos os demais podem sobreviver tendo um desempenho médio, tenho de ser melhor que isso.*
>
> (Ver adiante: "3 Ficando mais firme".)

Ainda quando eu era capitã na Ryanair, tinha um profundo desejo de trabalhar para a Virgin Atlantic – eles são um pouco excêntricos e divertidos e realmente me identificava com isso. Pensava que seriam perfeitos para mim. Bati na porta muitas vezes e sofri as dores da rejeição certa vez, quando pensei que havia entrado. Mas persisti e eles acabaram me aceitando. Estava finalmente pilotando Boeings 747 para uma companhia com a qual eu realmente queria trabalhar. Um objetivo de longo prazo havia sido alcançado.

(Ver adiante: "4 Um objetivo conduz a outro".)

Então, vamos levantar alguns pontos-chave a partir disso.

1 Testando o desejo

Uma boa primeira lição, com qualquer tipo de grandes metas pessoais, é testar o quanto você gosta de alguma coisa experimentando-a. Se o fogo estiver realmente aceso, você saberá que tem a necessária propulsão emocional para enfrentar o trabalho duro e os contratempos. Assim como você vai ser testado ao longo de todo o caminho (como vimos com Bernice), precisa testar a si mesmo desde o início.

O que soa bem na teoria pode ser diferente na prática, e isso lhe permite relacionar o sonho com a realidade. É por isso que, por exemplo, se um adolescente de 15 anos quiser ser veterinário, seria uma boa ideia para ele ajudar na clínica veterinária local durante um feriado escolar. É por isso, também, que as grandes promessas de Ano-Novo tornam-se esquecidas um mês depois, como aquela dispendiosa associação ao clube do bairro (a piscina local daqui – repleta de gente na hora do almoço em janeiro – diminuiu a frequência pela metade quatro semanas depois). O que soava bem em princípio não era o mesmo na prática. Tudo isso conduz de volta à afinidade que examinamos no Fator da sorte 1.

2 Trabalho duro e atração

Se as pessoas percebem que você é sério com relação a uma determinada coisa, elas começam a levá-lo a sério. Você de repente passa a atrair pessoas que talvez sejam capazes de ajudá-lo. Então, se as pessoas não estão notando o seu desejo, será que você está demonstrando quão sério é em relação a ele? A seriedade é expressa em comprometimento e trabalho duro, e não raro envolve sacrifícios. Se você aprecia as autobiografias dos bem-sucedidos, sabe que em muitos casos o sucesso surgiu com sacrifícios ao longo do caminho. Existem poucos atalhos. É nesse ponto que o seu desejo realmente é testado.

3 Ficando mais firme

Aqui existe uma importante lição sobre perspectiva. Bernice conseguiu comparar quaisquer desafios e reveses com uma das piores coisas que podem acontecer a alguém tão jovem. E simplesmente riu de uma porção de pequenos desafios, como de outras pessoas presumindo que ela não poderia ser uma piloto porque é mulher.

Então, como você pode se fortalecer, ficar mais ponta-firme, em especial se for muito sensível e não tiver uma experiência sequer parecida à de Bernice? Primeiro, um certo grau de sensibilidade é uma boa coisa. Sem ela você não reconhecerá os problemas e oportunidades em torno de seus objetivos e tampouco terá muita empatia pelos outros, o que é uma habilidade essencial para o sucesso. Mas sensibilidade em excesso vai levá-lo a tagarelar até sair da ação.

Eis algumas sugestões para ajudá-lo a ficar mais firme:

- **Lembre-se de que você não é o centro do mundo.** Outras pessoas têm seus próprios mundos. Não projete tudo de volta para si mesmo. Em vez disso, pergunte-se: "Ainda que isso seja uma prioridade para mim, compreendo que possa não ser para outra pessoa. Então, como posso fazer as pessoas se interessarem por minhas necessidades sem aliená-las?". Trabalhe tendo em mente que, quanto mais interessado você estiver nas necessidades dos outros, provavelmente mais interessados eles estarão nas suas.
- **Pratique a paciência e o autocontrole.** As coisas efetivamente levam tempo. Um comportamento impulsivo, emocional, vem antes do pensamento racional e não raro é disparado pelas amídalas no cérebro. É muito bom quando precisamos de uma resposta "lutar ou fugir" (porque você não tem tempo para pensar), mas não tão útil quando são necessárias reações ponderadas em vez de emocionais. Alguns de nós aprendem a sobrepujar essas reações emocionais por meio da experiência. Outros não. É fácil criar uma minicrise e uma resposta imediata quando as coisas não saíram muito bem. Com frequência, um pouco de pensamento ponderado será muito mais útil e conseguirá melhores resultados. Isso exige paciência.
- **Não analise em demasia.** A análise é boa, mas análise em excesso deixa você imobilizado. Focalize de volta em seus objetivos. As perguntas e análises o estão realmente ajudando a focalizar em seus objetivos específicos? Elas são relevantes?
- **Use a declaração protetora.** Isso ajuda quando as coisas não correm do modo que você planejou. À semelhança de uma carapaça, a declaração protetora ajuda a abrigar você e a mim de danos emocionais desproporcionais quando as coisas não funcionam. Dois exemplos:

"O.k., isso é normal. Não posso esperar que tudo corra sempre bem. O que é importante é que eu respire fundo, leve algum tempo para examinar o que deu errado e venha com novas ideias."

"É um contratempo, mas não vou deixar isso me atingir. Preciso pensar no que saiu errado e fazer o melhor possível para ter a certeza de que não vai acontecer outra vez. Tenho de conservar um senso de perspectiva em relação a isso. Outras pessoas encaram problemas muito maiores. Vou superar isso."

4 Um objetivo conduz a outro

Embora um certo grau de obstinação seja bom, nossos olhos precisam estar abertos e nosso olhar ser amplo o suficiente para perceber que outros caminhos estão disponíveis. No caso de Bernice isso significou que, tão logo o objetivo de ser piloto foi atingido, novos objetivos (ser capitã para a Ryanair, pilotar Boeings 747 para a Virgin Atlantic) se abriram. No último capítulo ("Oportunidade") levo essa lógica adiante na medida em que uma oportunidade aproveitada abre muitas outras – depois que se tira a tampa da lata é difícil colocá-la no lugar outra vez.

Como outra pessoa poderia encarar um grande objetivo?

Fico sempre surpreso pelo modo como erguemos muralhas em torno de nossas próprias ambições ("Não consigo fazer isso agora porque...") e, no entanto, aplicamos um pensamento muito diferente à vida dos nossos amigos e colegas ("Vai fundo! Você consegue fazer isso"). Se você usa o Facebook, provavelmente verificou como os amigos incentivam uns aos outros (embora esse encorajamento por vezes pareça ter uma certa superficialidade). Com os amigos, vemos razões para fazer as coisas antes de buscar razões para não fazer. A conquista dos grandes objetivos e as mudanças de vida não são bem-sucedidas sem planejamento e um pensamento cuidadoso. Mas a perspectiva positiva do "Consigo fazer isso" vem primeiro.

Definindo um objetivo – o resumo de Hollywood

Você pode ter ouvido falar do resumo da ideia de um filme em 25 palavras que os chefões de Hollywood pedem aos roteiristas e produtores. Os chefões com frequência tomam suas decisões de encomendar um filme com base nessas sinopses. Um ótimo exemplo é *Alien, o 8º passageiro*, que foi resumido como "*Tubarão* no espaço".

Aplicar essa prática para seu próprio estabelecimento de objetivos (grandes ou pequenos) é um bom modo de ter uma meta claramente definida, em cuja direção você pode trabalhar. Essa lucidez absoluta é muito importante – imprecisão acerca do objetivo significará imprecisão acerca de sua conquista. A fixação de prazos também é importante. Eis alguns exemplos:

- Em janeiro de 2020 terei o certificado para pilotar aviões Boeing 737 em voos comerciais.
- Em julho de 2018 terei passado no exame de nível A/bacharelado em Espanhol e serei capaz de conversar fluentemente nessa língua.
- Em julho de 2018 terei minha licenciatura em Educação, de modo que poderei ser professor em tempo integral.

O estabelecimento de prazos para o alcance dos objetivos terá de ser realista. Então, esse resumo de Hollywood lhe oferece algo para começar a trabalhar, enquanto você define os marcos ao longo do caminho que o levarão a alcançar a meta. Esses balizadores também testarão a viabilidade de seu grande objetivo – você sempre pode mudar os prazos. No Fator da sorte 14 vemos como criar esses marcos, com uma dupla de exemplos trabalhados.

Ter objetivos definidores da vida – resumo

- Tenha um objetivo claramente definido, com os prazos estipulados (se for apropriado).
- Esteja certo de que o objetivo é motivador.
- Sua seriedade sobre alcançar o objetivo significará que outras pessoas (potenciais ajudadoras) vão levá-lo a sério.
- Você não alcançará seu objetivo sem um trabalho muito duro.
- Tenha algumas estratégias para lidar com eventuais reveses.

Fator da sorte 14 – Ter um horizonte

A diferença entre "ter um horizonte" e "ter um objetivo definidor da vida" é que você pode ver o horizonte, ao passo que o objetivo definidor da vida é provavelmente tão grande que não pode ser visto por inteiro. Para alcançar o objetivo definidor da vida você precisa dividi-lo em pedaços – o que chamo aqui de horizontes específicos. Se você for uma dessas pessoas que não quer ou não tem um objetivo definidor da vida, poderá usar esses horizontes para definir as metas mais curtas que funcionam melhor no seu caso.

Alguns objetivos de mais curto prazo podem ser usados para identificar e maximizar uma oportunidade. Por exemplo, talvez você queira voltar a estudar para que possa tornar-se professor. Então (para usar um exemplo do Fator da sorte anterior), você define o objetivo como: "Em julho de 2018 terei minha licenciatura em Educação, de modo que poderei ser professor em tempo integral". Em seguida você resolve dar os passos para alcançar isso.

O objetivo que você tem pode ser estabelecido em resposta a um problema. Decidir se qualificar para ser professor poderia ser uma reação à infelicidade pela qual está passando no emprego atual ou à incompatibilidade entre a pessoa e o emprego. Desse modo, a dimensão negativa da infelicidade ou da incompatibilidade é transformada numa declaração de ação positiva para alcançar um objetivo que é muito mais motivador para você. É necessário sentir uma afinidade pela declaração de objetivo que você seleciona – no exemplo, decidir enveredar pelo ensino. A afinidade proporciona o impulso emocional essencial para que você vá em busca do objetivo.

Há também um aspecto sensorial nesses horizontes, algo bem expressado por Adam em sua citação introdutória deste capítulo:

> *Sempre tenho uma noção melhor do que não quero fazer do que daquilo que realmente desejo fazer. Meu trabalho abrange um ano e meio. Se meu horizonte dos 18 meses seguintes parecer interessante, não ficarei com os pés coçando para ir embora...*

Peguei o elemento " horizonte" desse Fator da sorte a partir das palavras de Adam. Não quero dar a impressão de que a definição de objetivos tem sempre uma rigidez em torno dela. Para Adam, significa uma linha de tempo de um ano e meio na qual as coisas devem ser interessantes para ele. Se não forem, ele tomará alguma atitude. Para Michele, como já foi citado, viver o momento é importante, mas ela também consegue perceber a necessidade de mudança:

> *Não tenho ideia do que estarei fazendo daqui a cinco anos, mas sei, em termos gerais, o que gostaria de estar fazendo. Sem dúvida fico revigorada com novos desafios.*

O objetivo perfeito?

> *No passado, eu poderia ter dito alguma coisa porque estava buscando algum tipo de perfeição. Parte da minha sabedoria agora é compreender que nem sempre existe um projeto perfeito. É melhor ir adiante, com o que todos acreditam ser a coisa certa a fazer.*
>
> Greg

Escolhi usar aqui a citação de Greg porque ela ajuda a compreender duas coisas em relação a "estabelecer objetivos". Primeiro, ela toca na frustração que você pode ter sentido se tentou definir objetivos específicos para si mesmo, ou se eles lhe foram impostos caso opere num ambiente de trabalho mais formal (entrevistas de avaliação muitas vezes são o meio pelo qual isso é feito). Segundo, porque sua citação reforça o ponto acerca da necessidade de sentir afinidade pelo que você individualmente – ou, no caso dele, coletivamente – está tentando alcançar.

Os especialistas falam da necessidade de ser específico ao estabelecer objetivos. Se o esporte é o seu lance, o objetivo final de vencer ou alcançar um tempo determinado, ou terminar numa certa posição numa tabela da liga, torna mais fácil a tarefa da especificidade. No entanto, o que a fala de Greg me dá a entender é que, mesmo no mundo dos esportes, onde há um final de jogo definido, os meios para chegar lá são variados. Isso nos conduz sem percalços aos nossos "horizontes" específicos, com os quais, depois de definir um objetivo final motivador para si mesmo, você depara com o desafio de como chegar lá.

O horizonte específico

> *Eu sabia que precisava de um empurrão. Vi um anúncio na revista* Melody Maker *procurando alguém para participar de sessões de improviso, então respondi e conheci Tim Crowther, que me deu uma visão muito clara do que eu tinha de fazer. Ele disse que eu era um bom intérprete, mas que precisava aprender as ferramentas básicas da improvisação, como modos, escalas e, o mais importante, como os acordes "funcionavam". Tomei uma decisão. Eu ia me dar um ano para chegar ao nível em que precisava estar para fazer da música uma carreira em tempo integral. Nessa época eu trabalhava num emprego durante o dia que estava devorando lentamente a minha alma, então havia muita motivação para fazer a mudança. Desenvolvi um plano estrito de prática e o cumpri obstinadamente. No final do ano, entreguei minha demissão e me tornei guitarrista em tempo integral. Peguei alguns trabalhos de estúdio ao longo do caminho e consegui tocar ao vivo regularmente em diferentes bandas.*
>
> MO

Mo expressa sua necessidade de um plano estrito de prática para levá-lo ao nível do domínio musical em que queria estar. Aqui, o primeiro passo é empreender um ensaio mental. Perguntar-se: "Se eu fosse fazer isso, quais seriam os passos a dar?". Depois de definir esses passos (consultar especialistas vai ajudar), você os ordena. Neste Fator da sorte há dois exemplos de como isso pode ser feito.

Exemplo 1 Aprender uma língua

Com o nosso primeiro exemplo vamos examinar a aprendizagem de uma língua. Nesse caso, o idioma é o espanhol. Primeiro deve haver um propósito, não importa quão vago seja. O propósito precisa ser energizador para você. Pode ser:

- ✤ Preciso do espanhol para meu trabalho.
- ✤ Quero um estímulo mental.
- ✤ Estou interessado em aprender mais sobre outra cultura.
- ✤ Fico envergonhado por não conhecer nenhuma língua estrangeira e esta parece uma boa para começar.
- ✤ Algumas pessoas da minha família têm origem espanhola e quero conversar com elas.
- ✤ Quero conseguir uma qualificação.

Ou uma combinação dos propósitos acima. O objetivo também foi definido – com um prazo final:

> *Em julho de 2018 terei passado no exame de nível A/bacharelado em Espanhol e serei capaz de conversar fluentemente nessa língua.*

Então, agora reunimos uma série de cronogramas para levá-lo até o ponto em que o objetivo foi alcançado. Poderia ser assim:

- Ano Um (2013-14):
  Ação – Matricular-me nas aulas noturnas na escola de línguas local.
  Realização – Dominar frases básicas como: "Qual é o seu nome?". Aprender 500 palavras de vocabulário (10 por semana). Conhecer o tempo presente de verbos-chave.
- Ano Dois (2014-15):
  Ação – Continuar com as aulas noturnas. Visitar a Espanha por duas semanas e fazer um esforço consciente para falar só em espanhol com os espanhóis.
  Realização – Aprender mais 500 palavras de vocabulário. Trabalhar os tempos futuro e passado de verbos-chave.
- Ano Três (2015-16):
  Ação – Continuar com as aulas noturnas combinadas a uma visita mensal a um professor particular para aperfeiçoar o meu espanhol. Fazer duas viagens à Espanha.
  Realização – Ler um livro em espanhol, ainda que eu não compreenda tudo (ter um dicionário ao lado). Fazer meu primeiro exame de proficiência em espanhol e passar com as melhores notas.
- Ano Quatro (2016-17):
  Ação – Ter sessões quinzenais com o meu professor particular. Estudar 10 horas por semana. Fazer duas visitas à Espanha.
  Realização – Passar no exame de nível avançado com uma pontuação maior que a nota mínima.
- Ano Cinco (2017-18):
  Ação – Como no Ano Quatro.
  Realização – Passar no exame de nível avançado com uma nota 10 ou 9 (ou A ou B, equivalente).

Isso entrelaça uma série útil de cronogramas com ações e realizações pretendidas. O esquema não deve ser rígido. Não posso garantir a precisão específica dos cronogramas na realidade e onde é que um objetivo de aprendizado e a colaboração especializada de um professor clássico deverão ser buscados. Os cronogramas, bem como o objetivo final, devem ser realistas.

Exemplo 2 Realizar uma apresentação

No exemplo da língua, um grande objetivo foi quebrado em partes menores, que eram instantaneamente visíveis. No exemplo seguinte, vou continuar com um tema que corre ao longo deste livro – realizar uma apresentação em público. Esse é um objetivo de curto prazo: uma apresentação crucial vai ser realizada no prazo de um mês por um orador que não está muito confiante.

Dia 1 Decidir o objetivo-chave da apresentação e "deixar a ideia amadurecer" por alguns dias (ver o Fator da sorte 11).

Dia 7 Fazer um *brainstorm* (ou seja, matutar) *sobre* assuntos potenciais à apresentação (possivelmente com outras pessoas).

Dia 10 Criar uma estrutura (cerca de três pontos-chave que suportam o objetivo).
Editar o material do assunto – decidindo o que vai entrar e o que não vai.

Dia 15 Escrever a apresentação.

Dia 20 Preparar o material visual, se necessário (em PowerPoint, por exemplo), e outros materiais visuais e de áudio que possam ser úteis.

Dia 25 Ensaiar com um pequeno grupo.
Antecipar as perguntas prováveis (com o grupo).

Dia 26 Fazer ajustes com base no *feedback* do grupo.

Dia 29 Praticar um pouco mais.

Dia 30 Fazer a apresentação ao público real.
Depois Receber o feedback e anotar o que correu bem e o que pode ser melhorado para a próxima vez.

Esse "depois" é o que pode ter passado despercebido. Como foi? Há algum retorno do público? Para alcançar objetivos, a revisão é uma parte importante da sua própria aprendizagem.

Ter horizontes estimulantes

Eis algumas dicas para ajudá-lo a gerar horizontes que funcionem para você:

- Conheça a si mesmo – compreenda o que o estimula.
- Tenha projetos que forneçam esse estímulo.
- Seja um iniciador – use sua capacidade criativa para gerar ideias e oportunidades que vão criar projetos estimulantes para você.
- Desenvolva relacionamentos mais fortes por meio de redes interpessoais e outras, com pessoas que são estimuladas de maneiras similares e compartilham seus valores, interesses e motivações.
- Tenha múltiplos horizontes. Trabalhar em um deles não significa que os outros não possam estar ativados e em perfeito funcionamento.

Esses horizontes dizem respeito a detectar e aproveitar oportunidades. O assunto é tratado em mais detalhes no Capítulo 7.

Ter um horizonte – resumo

- Tenha um objetivo específico para solucionar problemas ou aproveitar oportunidades.
- Você *deve* absolutamente sentir-se motivado para alcançá-lo – isso vai ser esclarecido pelo propósito do objetivo.
- Identifique cronogramas de modo que possa monitorar seu sucesso.
- Tenha clareza quanto aos fatores de risco.
- Use os seus sentidos para sentir o que é interessante e motivador para você no futuro próximo.
- Tente não se limitar a um único objetivo.

Fator da sorte 15 – Viver o momento

> *Ter [um objetivo] é geralmente considerado uma boa coisa. O benefício de algo que você se esforça para atingir. Contudo, isso também pode cegá-lo, você vê apenas seu objetivo e nada mais, ao passo que essa alguma outra coisa – mais ampla, mais profunda – pode ser consideravelmente mais interessante e importante.*
>
> RYSZARD KAPUSCINSKI, The Shadow of the Sun

Talvez você já tenha experimentado a famosa expressão "ideia fixa". Uma situação na qual você fica tão obcecado por um objetivo específico que não consegue apreciar o que está agora ao seu redor. Essa fixação também é perigosa nos casos em que o seu objetivo específico torna-se obsoleto e sem sentido devido a alguma influência externa. Isso se aplica particularmente aos avanços tecnológicos – às modernas tecnologias.

Mas existe uma terceira e premente razão para você não ficar imobilizado. Mencionei antes que Victoria Pendleton, ciclista vencedora da medalha de ouro olímpica, confessou sentir--se um tanto vazia por dentro após sua conquista. Greg Searle declarou que não sabia realmente como celebrar no momento em que ganhou a medalha de ouro. Isso pode ser um indicativo do sentimento: "E agora?". Alguns psicólogos falam da importância da jornada antes de alcançar o destino final. Sigmund Freud relatou que, numa visão *a posteriori*, o esforço é com frequência mais aprazível que a realização. Tanto Victoria quanto Greg têm muita clareza de que apreciam "o esforço".

A vida não é apenas a perseguição minuciosamente regulamentada de objetivos rígidos. Na verdade, a trama relaxada da mente, que vem de apreciar os prazeres simples da vida, pode ajudá-lo a alcançar seus objetivos maiores. É claro que isso não deveria comprometer a disciplina necessária para atingi-los. Ir a um bar todas as noites não é um bom modo de ajudar nos estudos. Uma vez por semana, porém, pode ser muito salutar. Não tenho um profundo poço analítico do qual retirar esse ponto final além daquilo que observei, mas me parece que aqueles cujo único foco é a conquista final tendem a não apreciá-la tanto caso não tenham dado os passos certeiros que conduziram a ela.

A mensagem aqui é curtir, não ignorar, os momentos de espontaneidade. E, ainda que esses momentos espontâneos sejam ótimos, há também coisas específicas que você pode fazer para afastá-lo das velhas rotinas e o inserir numa posição em que coisas inesperadas – porém prazerosas – têm maiores probabilidades de acontecer. Portanto, quer você viva sua vida inteira focado "no aqui e agora", quer necessite de um contrapeso para os objetivos definidos que está perseguindo, aí vão algumas ideias para curtir cada momento:

Atos específicos

Decida fazer uma atividade diferente. No questionário dos Hábitos da sorte do Capítulo 1, sugeri um passeio ao ponto mais alto de sua cidade como curiosidade acerca das redondezas. Um homem idoso que conheci, por exemplo, determinou que todos os dias visitaria um lugar totalmente novo em sua cidade – mesmo que fosse uma loja ou uma viela que à primeira vista não parecesse interessante. Ele relatou que nunca teve de se esforçar para encontrar coisas novas a fazer em sua região.

Prazeres simples

O guru da psicologia positiva Martin Seligman tem uma técnica simples que utiliza quando vai para a cama para pensar sobre o que foi bom no seu dia em vez de ressaltar os aspectos negativos. Ele simplesmente pensa em três coisas que apreciou durante o dia – prazeres simples – e as relembra por um momento. Realmente podem ser coisas simples: tomar um café com um velho amigo que você não via há algum tempo; um bom concerto musical; algo que o fez rir; meia hora na companhia de seus filhos; uma caminhada. É apenas um lembrete de que algumas das coisas mais prazerosas na vida são inesperadas e espontâneas.

Ouça o seu coração

Algumas pessoas acham mais fácil recordar sentimentos do que eventos específicos. Na atividade espontânea, é nosso coração que nos diz para irmos em frente e nos divertirmos. O coração diz à cabeça o que fazer. Não é um molde para a vida, e sim um guia salutar para deixar entrar um pouco de espontaneidade. Você deve fazer isso de tempos em tempos sem sentir-se culpado por "desperdiçar seu tempo". Caso contrário, não vai apreciar o momento presente como deveria, pois estará sempre preocupado com o que deveria estar fazendo e não está.

Preste atenção ao presente

É fácil deslizar para o modo comparativo – pensar em algum outro lugar em que gostaríamos de estar, por exemplo de férias, ou como uma determinada comida não é tão boa quanto a última que comemos no mesmo local. Procure curtir o *agora* sem comparar. Tente não precipitar as coisas que aprecia – como uma boa refeição (evite o péssimo hábito de comer à mesa de trabalho) ou um bom livro (tente não ler rápido demais um livro de que realmente gosta).

Não desanime em relação ao que realmente não pode fazer

Ao lermos algo sobre "o pensamento positivo" nos encorajamos a trabalhar as fraquezas, pois sugere-se que, ao trabalhar duro o suficiente, tais fraquezas podem ser transformadas em força. Eu confirmo isso, mas apenas se você tiver afinidade com seu trabalho e sentir algum progresso – embora existam coisas que temos de dominar, quer as apreciemos ou não.

Há coisas que você gosta de fazer, mesmo se ainda não sabe o suficiente como fazê-las. Seu nível de capacidade não é fixo, e o envolvimento que obtém por meio do prazer será o impulsionador primordial da maestria. Mas, provavelmente, existem algumas coisas que são nitidamente desmotivantes – você não as aprecia e jamais vai apreciá-las. Para mim, por exemplo, qualquer coisa que tenha a ver com o conserto de automóveis ou com o "faça você mesmo" me desanima. Assim, você não deve se esforçar para ser melhor naquilo que não lhe traz alegria quando há a chance de tentar algo mais enriquecedor em termos pessoais.

A ambiguidade da experimentação

Algumas pessoas não gostam da ambiguidade. E algumas gostam do desconhecido. Bernice, uma das entrevistadas, disse: "Tento coisas novas só para soltar os cachorros – gosto da incerteza". Mas não faz isso, deixem-me garantir-lhes, quando ela está pilotando um Boeing 747.

Alguns de nós podem se relacionar com essa incerteza. "Brincar" com algo novo tem os benefícios gêmeos do alívio temporário da rotina do dia a dia e da possibilidade de poder abrir uma trilha nova e interessante. Ser bom em alguma coisa combina a ambiguidade da experimentação com a necessidade de em certos pontos "baixar a cabeça" e definir um plano claro de melhoria. Então, viver o momento tem uma conexão discernível com o estabelecimento de metas.

Não fazer nada

Ah, e finalmente, uma vez que boa parte deste livro é sobre sucesso, realização, positividade e desempenho, de fato é uma coisa muito boa sentar-se de vez em quando em uma cadeira e não fazer absolutamente nada – tevê desligada, nada de laptop/internet, luz suave e respiração relaxada.

Viver o momento – resumo

- Aprecie os benefícios da falta temporária de propósito.
- Dê boas-vindas à espontaneidade.
- Curta prazeres simples e instantâneos.
- Tudo bem deixar uma vez ou outra seu coração sequioso de prazeres governar sua cabeça racional.

Pessoas

Uma coisa realmente importante para mim – e isso se aplica a qualquer um envolvido em comunicação, em qualquer disciplina – é a capacidade de ver e sentir da perspectiva das outras pessoas. Não raro fico surpreso ao constatar como são pouco desenvolvidas as habilidades de muitas pessoas nessa área. É crucial para mim como desenvolvedor de programas multiplataformas (programas de tevê integrados com a web, telefones móveis e outros dispositivos e atividades da vida real) e como roteirista, e igualmente crucial se você for, digamos, um marqueteiro ou mesmo um autor de manuais de instrução. Você tem de ser capaz de dar um passo para trás e ter uma visão geral de qual é a sensação do ponto de vista da audiência-alvo, do usuário, do consumidor. Vejo maus exemplos disso o tempo todo. Um exemplo realmente comum é a maneira como as pessoas muitas vezes não conseguem identificar jargões naquilo que escrevem ou apresentam. É um sinal claro de alguém que não compreende a perspectiva do público ou não se importa com ele.

Adam

Fatores da sorte neste capítulo:

Fator da sorte 16 – Comportamento gera comportamento
Fator da sorte 17 – Atuando em redes interpessoais
Fator da sorte 18 – Influenciando
Fator da sorte 19 – Compartilhando o sucesso

Este é um capítulo sobre como você se relaciona com as outras pessoas. Não é um capítulo sobre manipulação, engano ou forçar as pessoas a fazer o que você quer que façam. Tampouco é um capítulo sobre ser amigo de todo mundo. Diz respeito a vê-las como uma parte importante da sua vida, porque, se quiser obter resultados, ter um desempenho no seu melhor nível e alcançar seus objetivos, não terá tudo sozinho – isso acontece por causa das pessoas envolvidas, não apesar delas.

Para alguns isso significa reajustar a visão que têm das pessoas – a "barreira" com o aliado. A maioria de nós, está claro, em geral não vê os outros como barreiras (a não ser certas pessoas problemáticas), mas ainda assim precisamos ser mais proativos no modo como desenvolvemos os relacionamentos. Não é segredo que investir nas pessoas recompensa pessoal e profissionalmente.

Vamos começar examinando as habilidades que o ajudam a fazer as melhores conexões – como você ouve e pergunta e quão interessado está no universo alheio. Também veremos como lidar com pessoas pelas quais não sente afinidade. Minha visão subjetiva é que o modo como você se relaciona com esse grupo de pessoas é que pode fazer a diferença entre o sucesso e o fracasso.

Em seguida, vou lhe transmitir as técnicas de que precisa para dominar duas habilidades muito contemporâneas no lidar com pessoas – atuar em redes interpessoais e exercer influência – antes que o capítulo termine, com o teste de como você compartilha os bons momentos – elogios, palavras de agradecimento pela ajuda e apoio recebidos – e como você vê o sucesso.

Começamos com a melhor das intenções – ao contrário do que sustentou Jean-Paul Sartre, o inferno *não* "são os outros".

Fator da sorte 16 – Comportamento gera comportamento

Existem 7 bilhões de pessoas vivendo no planeta Terra. Cada uma é única e tem sua própria visão de mundo. Se quisermos fortalecer nosso relacionamento com as pessoas ao redor, precisamos ser curiosos e interessados sobre como o mundo parece ser para elas. Por quê? Porque como seres humanos estamos programados emocional e neurologicamente para ser atraídos por alguém que está interessado em nós, ouve o que temos a dizer e tem uma apreciação de como pensamos, em que acreditamos e do que precisamos.

Desenvolver as habilidades para realmente compreender as pessoas vai capacitá-lo a desenvolver relacionamentos produtivos e felizes com as pessoas. Afinal, nenhum de nós opera num vácuo, e é basicamente através de outras pessoas que podemos alcançar nossas ambições.

Conhecer realmente bem as pessoas também vai ajudá-lo a lidar com suas próprias expectativas em relação a elas (embora muitas pessoas possam ser gloriosamente imprevisíveis).

Viajando para outros mundos

Estar ativamente interessado nas necessidades, pensamentos, sentimentos e crenças das outras pessoas é uma habilidade vital. Isso dá suporte àquelas margens-chave de efetividade pessoal, como autoconfiança, exercício de influência, negociação e atuação em redes.

Quando você mostra ativamente um interesse por outras pessoas, elas não apenas serão atraídas por você, mas também lhe responderão em um nível mais profundo, porque compreenderão que não só está interessado nelas mas também compreende suas necessidades e interesses. Isso torna-se predominante, por exemplo, em situações de negociação nas quais há conjuntos conflitantes de interesses. Se você compreender a pessoa com quem está negociando e as necessidades que estão impulsionando o comportamento dela, estará numa posição muito melhor para encontrar uma solução.

Em um nível mais direto, todos nós temos um tipo de pensamento que sugere: "O que vou ganhar com isso?". Se você compreender esse aspecto e procurar estabelecer isso com aqueles com que interage, poderá influenciar melhor a conversa (a outra pessoa estará pensando: "O.k., você quer que eu faça isso, o que ganho com isso?"); poderá também negociar melhor (você diz: "Se isso é importante para você, então podemos entrar num acordo...”); e poderá atuar melhor em redes, pois compreenderá as necessidades de seus contatos.

Dentro dessa “viagem para outros mundos” está implícita uma habilidade central, sem a qual é impossível desenvolver relacionamentos produtivos e significativos com as pessoas – saber como ouvir com mais comprometimento do que a maioria das pessoas.

Ouvir com comprometimento

Pense a fundo sobre o que o impede de ouvir o outro adequadamente. Talvez algumas coisas desta “lista de barreiras à audição”:

- A outra pessoa é chata.
- Eu me perdi em meus próprios pensamentos.
- Estou cansado.
- Tenho outras prioridades.
- Sinto-me estressado.
- Tenho algo ainda mais interessante a dizer.
- Discordo profundamente do que a outra pessoa diz.

Em todos os casos acima, há um único efeito: você se retira da conversa. É claro que ainda está fisicamente presente, mas sua mente não; ela pode estar:

- Formulando uma resposta – nesse caso, você parou de ouvir porque não pode ouvir adequadamente e planejar sua resposta ao mesmo tempo.

- Pensando sobre algo inteiramente diferente (o que você vai fazer hoje à noite etc.).

Você talvez tenha ficado surpreso com estas duas barreiras da lista de "barreiras à audição":

- Tenho algo ainda mais interessante a dizer.
- Discordo profundamente do que a outra pessoa diz.

A razão de eu as incluir é porque, na primeira barreira, você diz sua ideia mais "interessante", ou se prepara para dizê-la, e é claro que cessa de escutar. No caso da segunda, ou você prepara sua contra-argumentação ou vocaliza seu desacordo, e nesse caso também para de ouvir a ideia alheia.

Quero examinar a frase: "Eu me perdi em meus próprios pensamentos", porque é aí que tendemos a terminar quando não estamos ouvindo. A "pessoa chata" ou o cansaço ou o estresse ou outras prioridades podem todos conduzir diretamente a isso. Aqui precisamos do que chamo de um *ouvir compromissado* ou *com comprometimento* (você talvez já tenha deparado com expressões similares, como "um ouvir ativo" ou "criativo"). Pode ser penoso dar ouvidos a pessoas com que você realmente não se conecta ou de que discorda. Mas com frequência você tem de fazer isso, ainda que prefira estar em outro lugar.

Quanto maiores o nível e a profundidade da sua conversa interior, menos você será capaz de ouvir adequadamente o que está sendo dito pelo outro. Portanto, a habilidade aqui consiste em driblar essas distrações e focalizar novamente no que está sendo dito.

- Evite a armadilha de "melhorar a história da outra pessoa" contando com uma de suas histórias.

- Se a sua cabeça pensa "discordo", transforme em algo como: "Essa é uma perspectiva interessante, por que essa pessoa vê as coisas desse jeito?". Ou: "Eu não havia pensado nisso dessa maneira...". É claro que em situações extremas, quando alguém diz alguma coisa moral ou eticamente repugnante, você pode simplesmente ir embora. (E fazer o mesmo em caso de agressão verbal.)
- Confirme o que você acha que escutou. Primeiro, essa é uma boa maneira de verificar a compreensão, mas também conserva sua mente focalizada no que está sendo dito, e não em seus próprios pensamentos potencialmente divergentes: "Só quero ter a certeza de que entendi o que você disse. Você está dizendo que...?".
- Balance afirmativamente a cabeça e acrescente algumas palavras para encorajar a outra pessoa a continuar (assim ela logo vê que você está efetivamente ouvindo): "Como se sentiu com isso?", ou "Em que você estava pensando quando isso aconteceu?", ou "Continue, isso é muito interessante".
- Introduza seu corpo na conversa. Os efeitos de sua linguagem corporal aberta e positiva sobre a outra pessoa são bem reconhecidos. Seus efeitos sutis são pouco mencionados, mas agem positivamente sobre você.
- Permita pequenos intervalos na conversa. Embora culturalmente, nos países ocidentais, fiquemos menos à vontade do que os japoneses com o silêncio na conversa, ainda assim, uns poucos segundos para ponderar o que foi dito não apenas ajudam seu próprio processo de pensamento mas transmitem um forte sinal de que você está ouvindo (você pode dizer: "Estou pensando no que você falou").
- Se você começar a conversar com alguém que é maçante ou simplesmente fala sem parar, seja elegante para cortá-la: "Desculpe

interromper, você levantou um ponto realmente interessante um momento atrás e eu quero prosseguir a partir dele...". Ou tente parafrasear: "Se eu puder resumir o que você está dizendo, diria que...".

Se você reexaminar esta seção sobre o ouvir compromissado, vai perceber que boas perguntas também oferecem uma estrutura para ajudá-lo a conservar uma conversa em andamento de modo que possa interagir com alguém. Boas perguntas conduzem a um pensamento preciso de sua parte – assumindo que está ouvindo adequadamente o que é dito. Alguns têm uma curiosidade que os leva a fazer perguntas naturalmente. A maioria tem de se forçar um pouco para fazer aquela pergunta extra que pode revelar uma perspectiva, uma observação ou uma visão contrária que não teríamos estabelecido se não tivéssemos perguntado. Isso diz respeito a sua disposição de determinar o que as pessoas pensam, necessitam, sentem e em que acreditam. Envolva-se com uma curiosidade genuína na visão de mundo das outras pessoas e haverá maiores probabilidades de elas se envolverem com a sua visão.

Expectativas

Michele levanta um ponto instigante sobre como vê os outros quando usa seu "chapéu administrativo" (ou máscara): "Estou pedindo os seus 100%. E não espero que os seus 100% sejam os mesmos que os de qualquer outra pessoa". Essa declaração mostra que ela compreende implicitamente que cada pessoa é diferente; temos de ajustar nossas expectativas em relação aos outros com base na compreensão que temos deles.

Suas expectativas não serão apenas práticas e baseadas em habilidades. Quando você conhece bem alguém, consegue entender como a pessoa reage em diferentes situações. Isso significa que você pode ajustar seu comportamento à pessoa e à reação dela, em vez de adotar a abordagem "chapéu tamanho único", que serve para todo mundo.

Digamos que você queira dar algum feedback a um membro de sua equipe. Se você souber que essa pessoa acha difícil recebê-lo (talvez não tenha confiança em si ou confunda um retorno profissional com uma crítica maliciosa) e até pode reagir emocionalmente, poderá ajustar sua abordagem envolvendo o feedback com elogios pelas coisas que ela fez bem. Isso evitará um membro da equipe contrariado, pois ele obterá os benefícios do feedback e reforçará sua confiança.

Greg foi honesto o suficiente e me admitiu que ver as coisas do ponto de vista de outra pessoa foi algo em que pensou ao examinar sua experiência nas Olimpíadas de 2000:

> *Com a experiência fui capaz de refletir sobre a maneira como trabalhava com os outros. Aprendi a não jogar fora a dinâmica da equipe. Meu parceiro no barco, nas Olimpíadas de 2000, Ed Coode, era muito menos experiente do que eu e eu poderia ter pensado mais sobre isso. Eu o desafiei quando as coisas não estavam indo muito bem e provavelmente abalei sua confiança.*

80:15:5

Cerca de 80% das pessoas que você conhece na vida vão oferecer-lhe relacionamentos satisfatórios e produtivos. Com outros 5% será o contrário: não importa o que você fizer, jamais terá um convívio feliz com elas. É fácil ter confrontos emocionais com essas pessoas, mas, com toda a honestidade, é mais fácil e um uso mais produtivo de seu tempo simplesmente cortar os laços.

O último grupo é composto por aqueles que focalizarei aqui: os 15%. Essas pessoas podem dar trabalho por várias razões, mas valem seu investimento de tempo e esforço para melhorar o relacionamento, porque isso trará benefícios para você e para elas.

A esta altura você talvez esteja se perguntando: "Como distinguir alguém dos 5% e alguém dos 15%?". A resposta é: inicialmente é provável que você não consiga. O que muitas pessoas fazem é lançar aqueles com que têm de trabalhar um pouco mais duro em um grupo rotulado como "pessoas difíceis" e, em seguida, abandoná-los. Só depois de ter feito um esforço genuíno para se conectar com os 20% é que você poderá subdividir o grupo em "difíceis, mas pode funcionar" (os 15%) e "fiz o melhor possível, mas simplesmente não está funcionando" (os 5%).

Esses 15% são com frequência pessoas que podem fazer uma real diferença e, ainda que possamos não sentir uma afinidade efetiva com elas, se estivermos preparados para fazer o esforço, as recompensas serão substanciais. O velho princípio do "comportamento gera comportamento" entra aqui.

Trabalhando com os mais difíceis no grupo dos 15%

Os 15% podem ser compostos pelos seguintes tipos de pessoas:

- Pessoas com que você sente que carece de credibilidade.
- Pessoas que parecem discordar regularmente de você.

- Pessoas cujo comportamento em relação a você carece de consistência.
- Pessoas que o veem como "ameaça".
- Pessoas com um comportamento agressivo; por exemplo, que elevam a voz.
- Pessoas que não movem uma palha quando você precisa de alguma coisa delas.

Segue-se um processo de sete passos acerca do trabalho com alguns dos maiores desafios entre os 15% para gerar resultados mutuamente benéficos. O diagrama de fluxo o guia desde o ponto de partida – o problema – até a ação. Cada passo é resumido abaixo.

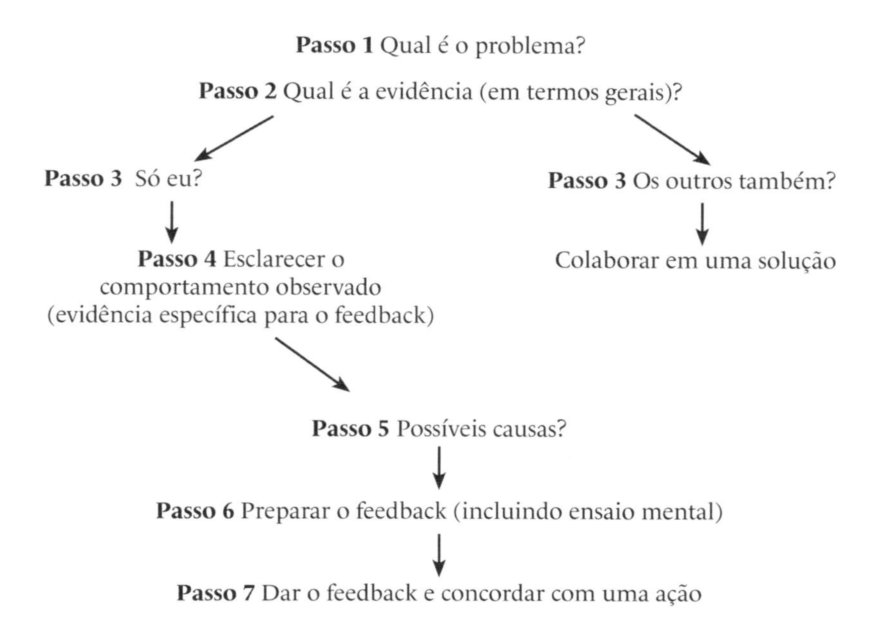

Passo 1 – Qual é o problema?

O primeiro passo consiste em avaliar o problema. Nesse estágio, ele pode ser expresso em termos gerais, por exemplo: "Ela com frequência é muito agressiva comigo", ou "Ele parece pouco disposto a me oferecer ajuda quando preciso".

Passo 2 – Qual é a evidência?

Aqui examinamos ocasiões específicas em que o problema ocorreu. Com que frequência? Só em situações particulares (talvez quando você está sozinho ou apenas quando está em grupo)? Com base em uma observação mais detalhada da evidência, talvez você possa redefinir o problema.

Passo 3 – Só eu? Os outros também?

Às vezes, quando temos problemas com uma pessoa em particular, podemos sentir que somos a única pessoa que se sente assim. Por vezes fica muito claro quando você não é a única. Em outras ocasiões, fica menos claro e você pode cavar um buraco muito grande e entrar nele, pois transfere tudo de volta para si próprio.

Então, se for uma questão compartilhada, você poderá colaborar para uma solução. Os passos agora continuam, com o pressuposto de que se trata de uma questão pessoal.

Passo 4 – Esclarecer o comportamento observado

Esses exemplos deveriam ser específicos, e não baseados em ouvir dizer ou em questões vagas de personalidade, então você não deve dizer: "Você é realmente agressivo o tempo todo". Isso pode terminar rapidamente num tipo de discussão: "Não, não sou, sim, você é". Em vez disso, identifique exemplos de quando a pessoa se comportou agressivamente com você.

Passo 5 – Possíveis causas?

Existem com frequência razões específicas para as pessoas difíceis se comportarem do modo como o fazem. Nitidamente, se esse comportamento difícil for apenas em relação a você, será preciso examinar por que isso acontece tomando o ponto de vista delas. Talvez elas não gostem de você ou lhe falte credibilidade aos olhos delas. Você também precisa ser honesto consigo mesmo – há coisas que fez e poderiam ter desencadeado esse comportamento? Pense nisso cuidadosamente, porque a outra pessoa pode muito bem levantar coisas a seu respeito para se opor ao seu feedback. No entanto, conserve de fato uma mente aberta e não deixe qualquer visão preconcebida prejudicar uma futura discussão.

Passo 6 – Preparar o feedback

O feedback só é útil quando você consegue usar exemplos específicos para apoiar o que está dizendo. Tenha esses exemplos prontos (ver o passo 4). Seu ensaio mental também precisa ser claro:

> *Esta poderia ser uma conversa difícil, mas me preparei para ela. Se eles têm o direito de defender suas ações, também tenho o direito de dizer por que penso que o comportamento deles não é apropriado. Eu me preparei adequadamente. Isso poderia ser difícil, mas consigo lidar com a questão. Devo ficar preso aos fatos e controlar minhas emoções, ainda que eles introduzam outras questões e não controlem suas próprias emoções.*

Passo 7 – Dar feedback e concordar com uma ação

O feedback deve basear-se em evidências e incluir uma declaração acerca dos efeitos do comportamento sobre você/o grupo.

John/Jane, quero conversar com vocês sobre uma coisa, e talvez não seja uma conversa fácil para nenhum de nós. Recentemente houve alguns momentos em que me senti incomodado com vocês. Por exemplo, no outro dia, quando vocês falaram "tal, tal, tal", fizeram que me sentisse "assim/assado". Em outra ocasião, quando vocês falaram "xyz", isso também me fez achar que era só "blablablá". Eu de fato sinto que, por algum motivo, vocês não parecem tão dispostos a me ajudar como ajudam outras pessoas.

Não encontre desculpas para a outra pessoa. Ainda que você tenha sua própria visão quanto aos motivos para ela estar se comportando de determinado modo (ver o passo 5), deixe a outra pessoa tirar suas próprias conclusões.

Não espere uma reação imediata (mas você poderia deparar com uma reação emocional imediata). Se a reação for emocional, deixe as emoções se esgotarem – não introduza comentários, por exemplo, se a outra pessoa estiver zangada ou chorosa e mostrando isso. Você poderia piorar as coisas. Por sorte, a reação emocional tende a ser menos comum que uma reação profissional.

Vise um acordo para a ação. Contudo, assim como você talvez queira pensar bem sobre as coisas quando recebe um feedback (antes de se comprometer), deveria permitir que a outra pessoa fizesse o mesmo. No Fator da sorte 18, "Influenciando", há um exemplo trabalhado desse processo em sete passos, baseado em uma falta de credibilidade sentida.

Comportamento gera comportamento – resumo

- Lembre-se de que o mundo abrange 7 bilhões de personalidades únicas e interessantes (isso não significa que você tem de gostar de todas elas) em vez de uns poucos estereótipos genéricos.
- Use a audição compromissada e perguntas para compreender os "mundos" internos das outras pessoas.
- Na vida, existem apenas umas poucas pessoas com que, não importa o que você faça, simplesmente não vai conseguir se relacionar razoavelmente. Não se preocupe com isso. Use a sua energia remanescente para contorná-las.
- Há um grupo maior (uns arbitrários 15% daqueles com os quais você depara) com que, se estiver preparado para trabalhar a questão, poderá desenvolver um relacionamento produtivo – ainda que vocês não sejam exatamente amigos.
- Use o processo dos sete passos para ajudá-lo a resolver problemas que você tem com o comportamento de pessoas específicas.

Fator da sorte 17 – Atuando em redes interpessoais

Trabalhar em rede é um prazer para mim.

Adam

Existem muitos mitos acerca da atuação em rede. A imagem tradicional do trabalhador em rede bem-sucedido circulando pela sala, apertando a mão de todo mundo e avaliando as pessoas que poderiam ser úteis para ele deu à atuação em rede uma reputação ruim.

Nos últimos anos, o conceito de atuação em rede mudou. Três fatores-chave contribuíram para isso:

- O trabalhador em redes interpessoais do século XXI é um "construtor" de relacionamentos, e não um "manipulador" de pessoas.
- O advento das ferramentas de administração de redes personalizadas como o Linkedin criou uma dimensão adicional para a atuação em redes. Essas ferramentas são tão ativas ou passivas quanto você quiser que elas sejam.
- Se você trabalhar em organizações hierárquicas, seu sucesso vai depender em boa parte de trabalhar fora da estrutura verticalizada tradicional. As organizações de pensamento moderno são mais horizontais, achatadas, assim a necessidade de construir relacionamentos por meio da atuação em redes interpessoais nunca foi tão grande.

As habilidades de ouvir e fazer perguntas discutidas no Fator da sorte anterior são um elemento vital para ser um grande trabalhador em rede quando face a face. Contudo, nosso foco principal aqui é examinar as qualidades requeridas de você enquanto for um trabalhador em rede – uma espécie de base filosófica da qual começar. Este Fator da sorte também usa o modelo DIL do Fator da sorte 8 para encorajá-lo a ser um trabalhador em rede proativo em uma situação social, se isso for algo que não casa facilmente com você (embora, é claro, você possa ser ótimo nisso).

As qualidades dos trabalhadores em rede

Pessoas com uma excelente atuação em rede compartilham algumas qualidades-chave, que examinaremos agora, combinadas com comentários de Adam, que, como um formidável trabalhador em rede, tem algumas observações aguçadas sobre o que isso significa para ele e como desempenha a atividade.

Sua atitude em relação às pessoas

Existem "utilizadores" de pessoas e existem aqueles que operam sobre uma base aberta, de suporte mútuo. Os trabalhadores em rede não são manipuladores. Conhecem o valor de desenvolver relacionamentos a longo prazo – um tipo de relacionamento que começa sem grandes expectativas.

Compreendendo os benefícios

Existem oportunidades únicas de gerar relacionamentos de longo prazo, de suporte mútuo, que *podem* beneficiá-lo e *podem* beneficiar individualmente quem faz parte de sua rede. Não há garantias individuais (e você não deveria esperar que houvesse). Mas aqueles que têm êxito em criar redes apreciam o retorno em termos gerais de seu investimento nas pessoas. Para Adam, os benefícios se relacionam com seu amor pela criatividade (e necessidade de um local de trabalho):

> *Penso que o crucial para o sucesso é que em certo nível é uma loteria. Então, quando você tem uma rede de pessoas realmente ampla e usa sua imaginação, os cálculos são de tal ordem que você bem poderia fazer a pergunta certa à pessoa certa no momento certo, além da conexão certa em termos de pessoas ou de ideias. A criatividade para mim diz respeito em larga medida a conexões – conexões entre ideias e conexões entre pessoas. Identificar e aproveitar oportunidades são, a meu ver, uma forma de criatividade. Você quer maximizar as chances de conexões interessantes acontecerem e oportunidades despontarem.*

Também pode haver um elemento altruísta nisso, o que mais uma vez Adam sabe expressar bem:

> *O que eu gosto, acima de tudo, é de colocar em contato pessoas antes desconectadas, e elas usualmente se beneficiam no processo – formar uma rede é um pouco como formar casais. Uma das poucas coisas que lembro de meus estudos universitários foi ler o* Manifesto surrealista, *de André Breton, em que ele fala de conexões emocionantes e surpreendentes – ele transmitiu uma mensagem para a minha vida inteira: ideias realmente poderosas vêm da reunião de duas coisas anteriormente desconectadas. Como acontece com a eletricidade, quanto maior a diferença de potencial, maior a centelha.*

Centrado na ação

Você está disposto a investir ativamente seu tempo para alimentar a sua rede? Isso inclui investir tempo em ajudar pessoas quando não há um benefício óbvio ou imediato para você. Um trabalhador em rede bem-sucedido compreende que o planejamento e o investimento cuidadoso nas pessoas têm maiores chances de ser benéficos no futuro. O trabalhador em rede bem-sucedido tem seu foco em ser um construtor de relacionamentos a longo prazo, e não um manipulador de pessoas a curto prazo.

Organizado

Um bom trabalhador em rede tem um senso claro dos diferentes tipos de relacionamentos existentes na atuação em rede – alguns são contatos próximos em relacionamentos de suporte mútuo, outros são mais distantes, mas neles uma oferta de ajuda (por parte do trabalhador em rede) sempre deveria ser possível.

Comunicativo

Você está interessado no ponto de vista e na vida de seus colegas, contatos e amigos? Utilizar as habilidades de fazer perguntas e ouvir, abordadas no Fator da sorte anterior, é central aqui. Alguns têm de trabalhar em suas habilidades de comunicação. Como diz Adam, ele próprio teve de fazer isso e o fez por meio da observação:

> *Trabalhar em rede é um prazer para mim. Não sou por natureza a pessoa mais aberta, mas mudei muito desde os meus 20 anos, e parte disso vem de ser casado com alguém que é uma comunicadora natural inata e de observar como ela cresce graças às pessoas e a suas histórias.*

Socialmente proativo

Um bom trabalhador em rede se esforça ativamente para conversar com as pessoas em situações sociais. Essa é uma das partes mais espinhosas – algumas pessoas realmente acham difícil "circular" em meio a certos eventos ou ocasiões sociais. Caminhar por um aposento com 200 pessoas, onde você conhece muito poucas, e puxar conversa, pode ser mesmo difícil. Vamos examinar essa situação mais detalhadamente adiante e ver como o DIL (Fator da sorte 8) pode ajudá-lo a superar isso.

Uma boa manutenção

Bons trabalhadores em rede fazem um esforço consciente para conservar atualizada a sua rede e, quando têm uma oportunidade de estabelecer comunicação com seus contatos, eles o fazem. Esta citação de Adam é um exemplo muito ilustrativo do que significa manutenção:

Realmente acho importante não deixar a inércia prejudicar as amizades e os relacionamentos. Posso não ver alguém por dois ou três anos, mas não deixo isso me impedir de encontrar a pessoa quando a oportunidade se apresentar, e sempre aproveito a chance de manter a conexão quando possível. É bom e prazeroso nutrir a nossa rede, realmente apreciar os encontros e conexões – boas coisas constantemente resultam disso.

Ser socialmente proativo

A atuação em redes em conferências, grandes encontros e reuniões anuais de confraternização de companhias pode ser uma valiosa fonte de contatos, mas também pode deixar algumas pessoas incomodadas. Entrar em um aposento e puxar conversa com estranhos pode ser natural para alguns, mas um número razoável de pessoas nem sabe realmente por onde começar. O uso do DIL (o seu diálogo interior lúcido) fornece um método para ficar mentalmente preparado para essa situação. O DIL tem seis passos e nós os usaremos como base de preparação, como é esboçado aqui, juntamente com possíveis respostas a estes seis passos:

Passo 1 – Situação
Identifique a situação difícil que você prevê:

Envolver estranhos em uma conversa.

Passo 2 – Especificidades
Com o que, especificamente, você está pouco à vontade em relação a esta situação?

> *Fazer uma apresentação de impacto – realmente não sei como começar. As pessoas não vão se interessar em conversar comigo. Eu podia ficar empacado com alguém entediante.*

Passo 3 – Significado

É importante que você compreenda como seus sentimentos acerca da situação têm impacto no seu comportamento. Nervoso em relação a alguma coisa? Quais são os efeitos prováveis disso?

> *Meu comportamento vai refletir o que está acontecendo dentro de mim. Posso ser reticente demais quando me apresentar. Talvez as palavras não saiam tão claramente quanto eu gostaria. Posso ter dificuldade em pensar nas coisas a dizer.*

Passo 4 – Implicações

Uma dose de realismo é necessária. Primeiro, é mesmo provável que o pior dos cenários vá ocorrer? Segundo, você precisa entender que o impacto antes identificado sobre seu comportamento provavelmente criará a própria situação que você havia antecipado. Em outras palavras, a situação se desdobra como uma profecia autorrealizável.

> *Posso perceber que, se não estiver à vontade acerca disso, meu comportamento – voz pouco clara, falta de contato visual – vai refletir esse desconforto. Nesse sentido, será autorrealizável.*

Passo 5 – Investigação

A investigação injeta uma dose de realidade e transforma os sentimentos negativos em uma configuração mental positiva. Você começa com as seguintes perguntas:

✤ "Isso já aconteceu comigo antes?"

Bem, achei essas situações muito difíceis no início e de fato acabo bebendo um pouco demais para enfrentá-las.

✤ "Estou mesmo olhando para o pior dos cenários e encarando isso como se fosse provavelmente acontecer todas as vezes?"

Bem, suponho que tive uma mescla de experiências. Uma ou duas vezes comecei a conversar com alguém muito interessante e realmente apreciei isso. Outras vezes, fiquei entediado e houve ocasiões em que suspeito que as pessoas queriam fugir de mim. Então, eu não deveria ver isso como algo que é sempre ruim para mim.

Desse modo, aqui você leva equilíbrio para o seu diálogo interior. Em seguida, lide com os pontos específicos que levantou no passo 2:

✤ *Fazer uma apresentação de impacto – realmente não sei como começar.* Minhas sugestões para fazer isso incluem o seguinte:

- As pessoas começam a formar uma impressão de você nos primeiros 5-30 segundos de contato. Pode ser difícil abalar essa impressão inicial, mesmo se for inteiramente falsa. Considere, portanto, a imagem que você quer projetar.

- "Faça um telescópio" de seu aperto de mão ao estender a mão enquanto caminha na direção de alguém. Estender a mão quando estiver bem em frente da outra pessoa pode vir como uma surpresa. Dê um aperto de mão firme e confiante, mas não exagere. Lembre-se do nome da outra pessoa e de dizê-lo tão logo seja possível.

- Diga "Eu sou [seu nome]" e brevemente (apenas algumas palavras) o que você faz. Usar as palavras "Eu sou" confiantemente acrescenta importância a sua pessoa. Dizer as primeiras palavras claramente ajuda a dissipar a tensão interior.

- Em seguida, desloque rapidamente o foco da conversa para a outra pessoa (recordando suas habilidades em ouvir e fazer perguntas) – de fato, como já foi sugerido, esse é um ótimo trabalho e uma estratégia de vida. Bons trabalhadores em rede não falam sobre si mesmos (a menos que sejam interrogados).

- Tenha algumas "aberturas". Estas são boas para conferências e reuniões em grande escala: *Dá uma sensação boa levantar e andar um pouco; O que achou do dia, você encontrou alguma coisa de particular interesse?; Em que linha de negócios você está?; Qual é o seu interesse em estar aqui?*

- Conserve uma distância razoável – não seja exageradamente familiar.

- Mantenha contato visual, mas sem um olhar fixo olhos nos olhos.

- Fique sorrindo, caso seja apropriado.

✤ *As pessoas não vão se interessar em conversar comigo.* As pessoas gostam de conversar sobre si mesmas, portanto, em vez de focalizar em você (como essa declaração implica), faça perguntas sobre os outros. Se você estiver realmente se esforçando para se conectar e perceber o tédio da outra pessoa (falta de contato visual, por exemplo), tome a iniciativa você mesmo. Algumas sugestões aparecem no ponto seguinte.

- *Eu podia ficar empacado com alguém entediante.* Se você estiver se preparando para isso em sua própria mente, seu diálogo interior poderia se desenrolar ao longo destas linhas:

  Devo ser realista quanto a isso. Não posso esperar ter uma boa relação com todo mundo, isso é simplesmente um fato da vida. Então – como me livrar dessa pessoa? Eu podia cortar a conversa, mas sendo muito educado ao fazer isso: "É realmente bom conhecê-lo, Gary. Vou pegar algo para comer/beber etc. Mais tarde nos encontramos por aí". E eu devia me sentir à vontade ao dizer: "Temos os cartões de visita um do outro. Vou aproveitar a oportunidade para conhecer algumas outras pessoas. Vamos manter contato". Ele poderia ficar tão aliviado quanto eu, se não estivermos conseguindo nos relacionar. Eu poderia apresentá-lo a um colega (só porque não estamos nos conectando não quer dizer que os outros também não se conectarão) ou, se houver uma roda de conversa maior acontecendo, dizer alguma coisa do gênero: "Aquilo parece interessante, vamos ver o que está acontecendo ali?".

Nota: é bom lembrar que, mesmo se você tiver uma conversa interessante com alguém, não deverá passar todo o seu tempo com a mesma pessoa.

Passo 6 – Dinamismo

O.k., estou pronto para uma tentativa. Penso que provavelmente tem muito a ver com a minha própria atitude em relação a isso. O que eu preciso é ter confiança em mim mesmo e transmitir um sinal às outras pessoas de que desejo conversar com elas. Se eu me entediar ou sentir que elas estão entediadas, tenho uma estratégia para me afastar sem ofender ninguém. Na verdade, embora eu esteja um pouco nervoso, espero ansioso por isso.

Atuando em redes interpessoais – resumo

- Faça do mundo da outra pessoa o centro do seu mundo.
- Use as habilidades de ouvir bem e de perguntar para fazer isso.
- Seja um construtor de relacionamentos e não um utilizador de pessoas: invista nas pessoas ainda que não haja um benefício óbvio para você.
- Mantenha sua rede de contatos – não deixe os contatos "evaporarem".
- Seja proativo visando à ampliação de sua rede de contatos.
- Conserve uma voz confiante, "alto-astral" (mesmo que você não se sinta confiante) nos eventos de atuação em redes. Faça perguntas às pessoas sobre elas – resista à tentação de falar sobre si mesmo.

Fator da sorte 18 – Influenciando

Quando você examina seu emprego, provavelmente consegue perceber com clareza onde tem controle. Mas é mais difícil identificar as áreas sobre as quais você exerce influência. É provável que a diferença entre as duas coisas seja que, onde temos controle, as pessoas têm menos probabilidades de se envolver, ao passo que, onde percebemos influência, o "fator pessoal" provavelmente será decisivo.

Influenciar é um estado da mente. Pegue duas pessoas fazendo o mesmo trabalho ou trabalhos similares (quem sabe uma delas poderia ser você?). A percepção delas quanto ao nível de influência que exercem pode ser muito diferente. A resposta à pergunta "Quanta influência você tem no seu emprego?" só pode ser subjetiva, e apenas baseada no modo como você trata aqueles sobre os quais deseja exercer influência.

Pense cuidadosamente sobre isso. Primeiro, considere aqueles em que você tem um certo grau de influência no momento. Em seguida, pense cuidadosamente nas pessoas em que você gostaria de exercer influência, mas no momento não acha que esteja exercendo. A lacuna pode ser grande ou pequena, dependendo de seu conhecimento e de suas habilidades como influenciador.

Ainda que você possa ter influência por meio da exibição de uma fonte óbvia de poder – sendo o capitão de uma equipe ou um gerente, por exemplo –, se tiver de mencionar o tempo todo essa fonte de poder perderá imediatamente a credibilidade que as fontes mais sutis de influência (como a confiança e a credibilidade) lhe dão. De qualquer modo, muitos não têm essas fontes ostensivas de poder e dependem dos métodos mais sutis.

Você consegue resultados por intermédio das pessoas, e não apesar delas. Se reconhecer que o sucesso chega mais rápido para aqueles que investem tempo na construção de melhores relacionamentos – mesmo com aqueles com que não se dão necessariamente bem –, verificará que as pessoas farão naturalmente coisas com você e por você quando não tinham nenhuma razão obrigatória para agirem assim. Elas *querem* fazer isso porque você é "você".

Não se trata absolutamente de manipulação. É um processo orgânico, muito mais natural do que isso. E usualmente leva tempo para chegar lá. Isso vem por meio do exercício da influência. E, para ser capaz de influenciar pessoas, você precisa construir a confiança e a credibilidade delas.

Exercer influência por meio da confiança e da credibilidade lhe dá um poder sutil, "suave". Existem outros modos de influenciar em situações particulares – um gerente pode fazer isso através da autoridade investida no papel gerencial, por exemplo. No entanto, as fontes sutis de influência são universalmente acessíveis por todos, independentemente de quem você é e de ser ou não capaz de exercitar o poder "duro".

Consertos rápidos são com frequência superficiais, mas existem alguns meios efetivos para construir rapidamente sua confiança e credibilidade:

- Faça as outras pessoas parecerem bem – ajude-as a apresentar resultados em seus próprios papéis. Mesmo se elas não estiverem inclinadas a dar crédito, os outros vão efetivamente notar quem fornece a "cola" para a coesão do grupo.
- Torne-se inestimável ao fazer aquele pouquinho extra que transforma o bom em excelente. A atenção aos detalhes mencionada no Capítulo 4, "Desempenho", aplica-se aqui.
- Não deixe ninguém sentir que você é facilmente rastreável. No escritório, isso significa: nada de Facebook, de checar e-mails privados ou de surfar na web bisbilhotando assuntos não relacionados ao trabalho. Seja profissional.

Essas sugestões reforçarão sua influência, mas você precisa sustentá-la – as pessoas esquecem rapidamente um favor ou o trabalho duro em um projeto anterior.

Confiança

Por vezes, consertos rápidos não são suficientes e você simplesmente tem de investir tempo em alguma coisa para fazer a confiança funcionar em seu benefício. Conquistar confiança não é algo que se faz da noite para o dia. Se você tiver de dizer: "Confie em mim", provavelmente vai perder a confiança como uma fonte de influência. Outros decidirão se confiam em você ou não. Depende de você e de mim nos darmos as melhores chances de as pessoas confiarem em nós. Eis algumas sugestões para construir essa confiança (é uma lista curta, porque alguns dos pontos são compartilhados com "credibilidade", na próxima seção):

- **Consistência**. Este ponto não é necessariamente sobre ser "simpático" de maneira consistente. Para examiná-lo da perspectiva contrária, pode ser difícil lidar com um perfeccionista desafiador, mas, se essa pessoa for consistentemente assim, pelo menos saberemos qual é a expectativa e poderemos responder da maneira adequada.
- **Confiabilidade**. Você faz o que diz que vai fazer, e o faz com um padrão particular.
- **Honestidade**. Você diz o que pensa e sente, mas de tal modo que respeita o direito da outra pessoa de ser tratada da maneira apropriada.
- **"Nós", não "eu"**. Por exemplo, você não atribui a si mesmo o crédito pelos sucessos da equipe.
- **Igualdade**. Onde quer que esteja e quem quer que seja, trate as pessoas com respeito e dignidade, como se isso fizesse parte de você.

Credibilidade

Sua reputação – e me refiro a uma boa reputação – está baseada na sua credibilidade. Mas o que lhe dá credibilidade em uma esfera pode não dar em outra, de modo que existe um lado intuitivo nisso. Como no caso da confiança, leva tempo para construir a credibilidade, e isso exige as habilidades interpessoais que examinamos antes, neste capítulo.

Sua reputação será baseada naquilo que é valorizado por aqueles ao seu redor. Isso, por sua vez, poderia estar relacionado a aspectos como idade, experiência, qualificações e sucessos anteriores. No entanto, acredito firmemente que nos próximos 20 anos as pessoas estarão cada vez menos dispostas a conceder respeito com base em qualificações formais. Atualmente, muitos têm o 3º grau completo (nos países desenvolvidos, 30 a 50% dos jovens irão para a universidade nos próximos dez anos), então o que costumava diferenciar as pessoas tornou-se regra. Assim, você pode estar se perguntando: "O.k., mas o que se pode fazer?". Ou, mais provavelmente: "O.k., mas o que se pode fazer que seja diferente e melhor do que os outros fazem?". Caso você tenha se graduado recentemente, o diploma o leva até a porta, mas depois que a porta é aberta, a menos que a graduação seja altamente vocacional (sendo que 95% não são), ela vale pouco.

Se você quiser construir uma boa reputação, trabalhe o que é valorizado por aqueles ao seu redor – particularmente, suas habilidades interpessoais. Isso poderia ser uma questão cultural. Mas aqui refiro-me à cultura de grupo – times esportivos, equipes de trabalho e assim por diante –, tanto quanto a culturas nacionais e regionais. Alguns grupos valorizam abordagens consensuais, colaborativas. Outros preferem que um líder dê instruções para então segui-las. Em algumas culturas de equipe é valorizado um estilo de comunicação aberto, direto. Em outras, podem ser necessários níveis muito mais altos de diplomacia. Mas, em última análise, sua boa reputação crescerá se você for visto obtendo resultados sem machucar as pessoas durante o processo.

Então, estes são alguns dos fatores que lhe dão credibilidade, em uma lista mais abrangente:

- **Sua idade e experiência**. Em ambientes tradicionais ambas são valorizadas acima de tudo. Naturalmente, você não pode mudar essas duas coisas se tiver menos de 30 anos. Mas o que você pode fazer, sem ser interesseiro e qualquer que seja sua visão pessoal sobre a competência de alguém, é conceder respeito àqueles que têm essas duas credibilidades. Isso proporcionará uma base sólida a partir da qual você vai desenvolver seu relacionamento com os mais velhos. Em seu caminho para o topo, você vai precisar dessas pessoas para "trocar passes".
- **Seus resultados**. Não há nada como resultados para assegurar credibilidade. Talvez o melhor conselho que eu tenha escutado sobre isso é sempre me lembrar de focalizar primeiro no resultado final e em seguida me preocupar sobre o processo: "Aonde quero chegar?", seguido por: "Como vou chegar lá?". Pessoas que não apresentam os resultados previstos muitas vezes invertem erradamente esse processo.
- **Cuidando dos relacionamentos**. Embora conseguir resultados seja tão importante, isso tem de ser feito dentro da estrutura de manutenção de bons relacionamentos. A tarefa e as pessoas vão juntas. De fato, se você cuidar de seus relacionamentos da maneira correta, a tarefa torna-se mais fácil. Se o inferno realmente são "os outros", então o problema é você,

não as outras pessoas. Todos nós já ouvimos falar do "bastardo" movido por tarefas, que atropela as pessoas para ter sucesso. E às vezes ele efetivamente tem êxito. Mas não ouvimos falar de um número muito maior de pessoas que usa essa abordagem e fracassa miseravelmente.

- **O cérebro antes da boca.** Talvez você conheça algumas pessoas que usam a boca primeiro e o cérebro depois. Pense cuidadosamente antes de falar. E, se estiver falando sem pensar e sem um conhecimento preciso, tenha muita clareza de que é isso que você está fazendo – as pessoas o tratarão com um pouco menos de rigor se não pensarem que você não sabe o que está dizendo. Todos reconhecem um enrolador, exceto os próprios enroladores.
- **Qualificações.** Vale recapitular um aspecto mencionado na introdução desta seção – as qualificações podem ajudá-lo a chegar até determinado ponto, mas, se todos as tiverem, o que vai colocá-lo num lugar diferente? Em outras partes deste livro mencionei sua individualidade e disse quão importante ela pode ser. O que é ainda mais importante são as habilidades com pessoas que alguns de nós desenvolvem enquanto crescem – trabalhar em equipes e grupos, negociar, influenciar, ouvir, fazer perguntas e colaborar – e que raras vezes são ensinadas formalmente. São essas as habilidades que vão diferenciá-lo.

O que fazer se alguém não acredita na sua credibilidade

No Fator da sorte 16 apresentei um processo em sete estágios para lidar com uma pessoa difícil. Agora vamos usar aquele modelo como um meio para lidar com uma situação comum: "O que faço se eu sentir que alguém não me dá credibilidade?". Peguei esse caso por uma razão muito boa. Nos últimos dez anos realizei mais de cem seminários de um ou dois dias sobre habilidades de comunicação. Durante esses seminários usualmente dirijo uma sessão improvisada, na qual examinamos diferentes questões de comunicação levantadas anonimamente pelos participantes. Esse problema da falta de credibilidade aparece muito mais do que qualquer outra questão.

Inventei uma personagem, Sue, que tem esse problema em relação a outra pessoa. Segue-se um diálogo interior que "a outra pessoa" poderia ter enquanto se prepara para lidar com o problema:

Passo 1 – Qual é o problema? "Sue não acha que eu tenho muita credibilidade."

Passo 2 – Qual é a evidência? "Ela discute comigo nas reuniões, sempre contesta minha opinião e quando discutimos qualquer coisa ela não faz contato visual. Na verdade, se eu examinar de perto a situação, parece que isso acontece quando estamos com outras pessoas – particularmente em reuniões da nossa equipe. Então, talvez eu deva pensar sobre isso como um problema, pois ela considera seriamente a mim e a meus pensamentos na frente dos outros. Mas acho que a questão da credibilidade é importante aqui."

Passo 3 – Só eu? Os outros também? "De fato, parece ser apenas comigo. Meu chefe não é o tipo de pessoa que possa ou vá lidar com isso, então ou esqueço o assunto ou tento resolver por mim mesmo."

Passo 4 – Esclarecer o comportamento observado. "Alguns episódios. Na semana passada, quando tivemos um *brainstorm* (discussão produtiva), houve duas ocasiões específicas em que ela detonou minhas ideias, mesmo sem eu mal haver terminado de expressá-las. Outra vez eu estava apresentando alguns dados e ela começou a falar antes que eu terminasse. Senti que ela mal havia notado que eu estava falando."

Passo 5 – Possíveis causas? "Sou muito novo aqui – talvez ela respeite apenas os com experiência de casa. Talvez ela também me veja como uma ameaça. Eu poderia facilmente estar errado e deveria conservar a mente aberta."

Passo 6 – Preparar o feedback. "Ela tem uma personalidade muito forte, então eu devia me preparar para uma conversa difícil. Tenho o direito de falar nisso, mas ela tem o direito de defender-se e ser ouvida. Mas de fato tenho exemplos específicos que posso usar, e também deveria deixar que ela saiba como seu comportamento me afeta. Talvez não seja fácil, mas ela considera seu trabalho seriamente e tenho certeza de que estará tão preocupada quanto eu sobre isso. Naturalmente, talvez não esteja. Mas, mesmo se não estiver, eu devia deixá-la saber que estou infeliz. Eu devia deixá-la lidar com isso de seu próprio modo."

Passo 7 – Dar o feedback. "Oi, Sue. Isso talvez não seja fácil para nenhum de nós, mas quero conversar com você sobre uma coisa com que estou lutando. Houve alguns casos em que, por qualquer motivo, você pareceu não ter considerado seriamente minhas contribuições às discussões da equipe. Se eu pudesse dar-lhe alguns exemplos..."

Essas espécies de discussão não são as mais fáceis, mas um plano claramente ponderado faz maravilhas. De fato, se você estivesse envolvido nesse tipo de conversa numa situação real, verificaria que consegue credibilidade com muita rapidez – você está preparado para lidar com importantes questões quando elas despontam e não se intimida diante do que precisa ser dito/feito.

Influenciando – resumo

- Sua esfera de influência é tão grande ou tão pequena quanto você percebe que ela seja.
- As pessoas estarão mais dispostas a ser influenciadas por você caso confiem em você e se você tiver credibilidade.
- Tanto a confiança quanto a credibilidade são construídas ao longo do tempo, o que pode ser frustrante.
- Construir a confiança requer consistência, confiabilidade e tratar as pessoas como iguais.
- Sua credibilidade será baseada em suas habilidades, conhecimentos, experiências e em seus sucessos anteriores.
- A cultura (de grupo, de equipe, regional, nacional) desempenha uma parte importante em quão digno de crédito as pessoas pensam que você é – a cultura predominante é importante.
- Não fale às pessoas sobre suas fontes de influência ("Você pode confiar em mim"). Você perde a efetividade de sua fonte se tiver de fazer isso.

Fator da sorte 19 – Compartilhando o sucesso

Na equipe de iatismo, se ganhássemos uma prova, coisas como bater com a palma da mão na do companheiro não existiam. Era trazer o barco de volta, deixar tudo bem arrumado e sob controle, e, em seguida, uma corrida até o bar para beber muito álcool. Eu achava isso uma prisão de ventre emocional. Agora, quando estou com a equipe, eu os encorajo a celebrar o sucesso imediatamente. Coloquem o sentimento para fora. Eu lhes digo que com o nosso sucesso a relação entre nós perdurará pelo resto de nossa vida. É importante estar aberto. Eu vejo que quando ganhei o ouro em 1992 realmente não sabia como celebrar.

Greg

Este, o mais curto dos Fatores da sorte, diz respeito à "atmosfera" – entre você e os outros – e a três coisas muito simples que você pode fazer para criar uma atmosfera melhor.

Fazer elogios e agradecer às pessoas são as primeiras duas coisas e deveriam ser feitas porque você quer fazê-las. As pessoas percebem de cara a falta de sinceridade. Mas sempre nos lembramos melhor das pessoas que têm o cuidado de se lembrar de nós, e você provavelmente não é diferente. É por isso que o reconhecimento do que as pessoas fazem por você – por meio de elogios e agradecimentos – é tão importante.

A terceira coisa simples que você pode fazer é celebrar o sucesso.

Elogios

O Fator da sorte 6 abordou o recebimento de feedback e sua importância na aprendizagem. O foco estava mais no retorno dado quando há espaço para o aperfeiçoamento. Contudo, o elogio também é uma forma de feedback e algo que você pode oferecer livremente – quando merecido. Nos ambientes de trabalho por vezes se assume que isso é algo que apenas os gerentes fazem. Mas é claro que é nossa responsabilidade individual cuidar de nossos relacionamentos. Então, lembre-se de:

- **Elogiar o esforço.** Quando você reflete sobre alguma coisa que fez bem-feita, lembra-se da sensação tanto quanto de como aquilo foi feito. "Aquilo foi trabalho duro", "Tive de me concentrar de verdade para conseguir terminar" são coisas que dizemos a nós mesmos após uma tarefa difícil bem realizada. Outras pessoas vão sentir a mesma coisa. Então: "Sei o quanto se esforçou para fazer isso" ou "Sei como é difícil quando faço alguma coisa assim" são boas frases para usar quando você elogia outras pessoas.
- **Procurar coisas específicas.** Deixe que as pessoas saibam do que você gosta sobre o que elas fizeram. Pense como é a sensação quando alguém lhe diz: "Está bem-feito" – você provavelmente vai querer saber o que foi "bem-feito" naquilo que fez.

Agradecimentos

Outro modo de fortalecer os relacionamentos e de mostrar que você notou é dizer "Obrigado". Qualquer que seja o ambiente, é saudável reconhecer o que as pessoas fizeram por você. Insisto nesse ponto indubitavelmente óbvio porque sei como agradecer pode ser raro. Muitas vezes fico desolado, por exemplo, com a atitude dos jogadores de futebol que marcam um gol e correm "para a galera" para celebrar e receber a adulação e mesmo a veneração da torcida exultante. Às vezes há uma completa falta de reconhecimento do jogador que fez a penetração e deu o passe para o outro marcar o gol.

Esquecemos de agradecer todos os dias em relacionamentos de longo prazo e casamentos, nos quais a familiaridade significa que reduzimos o tempo que dedicamos um ao outro. E fazemos a mesma coisa no trabalho, onde por diversas razões, entre elas uma perceptível falta de tempo ou a mentalidade do"vamos em frente", que nos lança de um projeto para outro, delicadezas humanas como os "obrigados" ficam esquecidas.

Penso que duas coisas são responsáveis por isso, a saber:

- **Ego tamanho família.** *Você está aqui para fazer isso para mim e está fazendo o que está destinado a fazer.* Essa visão vem da pessoa que se vê como o Sol no centro do sistema solar, em torno de quem tudo gira.
- **Tomando como algo garantido.** Quanto mais tempo passamos em torno de pessoas – colegas de trabalho, equipes esportivas, grupos de hobby, amigos, parceiros –, mais fácil pode ser tomá-los como algo garantido, sem surpresas. Trata-se de um hábito para o qual é fácil escorregar e talvez dê um indício de que deixamos de estar sensíveis às necessidades alheias.

Como acontece com um elogio, um "muito obrigado" não custa nada e, desde que seja sincero, é um meio simples e valioso de fortalecer uma ligação. A pessoa que o recebe ficará contente por você ter arranjado tempo para agradecer e você saberá como essa pessoa se sente porque sabe como se sente quando os agradecimentos são para você.

Sucesso

Compareça a uma reunião de duas horas no trabalho e analise o que está sendo discutido. Parece que as reuniões muitas vezes são pouco mais do que discussões de solução de problemas. As equipes esportivas, quando analisam a última partida, costumam examinar as coisas que não fizeram bem em vez daquilo que funcionou.

Imagine por um momento inverter isso na sua cabeça e examinar o que correu bem, e não o que não correu – as coisas que você fez certo. Está claro que temos de aprender com nossos erros, mas também é muito motivador refletir sobre nossos êxitos e aprender com eles.

Elimine seu próprio ego – mostre apreciação pelo sucesso dos outros. Seja espontâneo e genuíno. Isso vai ser particularmente poderoso se você não tiver tido um investimento pessoal no sucesso. Não puxe para si os elogios pelo sucesso dos outros.

O meio mais rápido de criar o próximo sucesso é realmente saber qual sensação dá e o que significa ter tido o último êxito. Você quer mais.

E, se for um sucesso pessoal...

No Fator da sorte 15 fiz referência à ideia do psicólogo Martin Seligman de recordar três prazeres simples do dia antes de ir dormir. Não há motivo para que, de vez em quando, os prazeres simples não possam ser três pequenos sucessos.

Compartilhando o sucesso – resumo

- Elogios e agradecimentos não custam nada, exceto uma pequena quantidade de tempo.
- Elogios e agradecimentos criam uma atmosfera positiva – as pessoas gostam de ser lembradas.
- Seja sincero.
- Seja específico.
- Lembre-se daquilo que você faz bem, e não apenas dos problemas.

Oportunidade

Oportunidade – é disso que se trata, de ser exposto a toda espécie de coisas que você pode fazer. Vou falar em certas escolas e compreendo que nunca foi ensinado a essas crianças que existe uma coisa chamada criatividade, com a qual você pode fazer toda espécie de coisas.

JOHN HEGARTY, GURU DA PUBLICIDADE E DEFENSOR DO PENSAMENTO ABERTO

Fator da sorte neste capítulo:

Fator da sorte 20 – Identificando oportunidades

As oportunidades existem bem ao nosso redor, mas na maior parte do tempo ficam escondidas sob as demandas da vida cotidiana, que nos cegam para as quase ilimitadas possibilidades que a vida oferece. Uma metáfora óbvia mas pertinente para isso é pensar o quanto gostamos daquela sensação de "uau" quando olhamos pela janela de um avião num dia claro e vemos a Terra se estender abaixo de nós. Nossa imaginação dispara quando pensamos nos milhões de coisas que nossos companheiros do planeta poderiam estar fazendo lá embaixo. No entanto, essa sensação logo se dissipa quando chegamos ao aeroporto e temos de nos envolver na correria da liberação na alfândega e no recolhimento de bagagens, sem falar na jornada posterior para um hotel ou para casa. Num mundo de oportunidades, ficamos fechados nas minúcias da rotina diária e nos guiamos para longe de qualquer possibilidade.

Se você rastrear as próprias pegadas que já deu, tudo o que faz atualmente se originou de uma oportunidade que você detectou para fazer algo novo ou diferente. Você se candidatou ao emprego, adotou um novo hobby, teve um momento de iluminação que disparou sua imaginação para fazer alguma coisa ou talvez – indo muito para trás – juntou-se a um clube na escola que despertou um interesse de toda uma vida por alguma coisa. O que você fez foi identificar e, em seguida, aproveitar uma oportunidade.

Os Hábitos da sorte têm sua gênese na identificação de oportunidades, na qual você contrapõe reação e antecipação – ou o que chamo de "nosso mecanismo de capacidade de busca infinita". Com essas palavras refiro-me a sua capacidade, enquanto ser humano, de identificar oportunidades por toda parte e a qualquer momento – contra a sua "tendência à hipocondria". Costumeiramente só procuramos um médico quando não nos sentimos bem, isto é, quando existe um problema óbvio. De modo similar, aqueles que não têm os Hábitos da sorte tendem a agir apenas quando há necessidade de reagir – e talvez nem mesmo nessas ocasiões. Em contraste, os que incorporaram os Hábitos da sorte agem quando pode não haver uma razão premente para tanto. Não há um grande problema ou crise, mas o seu modo habitual é *pensar* (aquele diálogo interior lúcido outra vez) e *agir* afirmativamente, mesmo sem problema/crise. Eu poderia facilmente ter designado este capítulo como "Identificação da sorte".

Fator da sorte 20 – Identificando oportunidades

Partes deste livro se basearam no pressuposto de que você quer ter um desempenho melhor em algo que já faz. Contudo, você pode estar lendo este livro porque quer começar algo a partir do zero e depois ir se aperfeiçoando. Neste capítulo examinaremos como você pode detectar oportunidades para ajudá-lo a dar a partida. Eu o dividi em três partes:

- **Preparação** Colocando-se num estado de preparação para detectar e aproveitar as oportunidades existentes – a base psicológica correta.
- **Criar** Fazendo um esforço consciente para criar oportunidades por meio da imaginação – sua e dos outros.
- **Jogar** O que acontece quando você aproveita uma oportunidade e age com base nela?

Preparação

Quanto mais você se coloca numa posição na qual oportunidades têm mais probabilidades de ocorrer, mais probabilidades terá de detectá-las. Um leque mais amplo de experiências e envolvimentos prepara seu cérebro para identificar novas possibilidades. Nós desenvolvemos toda uma série de ditados para apoiar isso, como: "Deus ajuda quem cedo madruga" e "A fortuna favorece o bravo".

O que tem probabilidades de acontecer é que o seu cérebro aprecia o estímulo da experiência inicial e está, portanto, mais sintonizado para o mesmo estímulo ou outro similar, se ele ocorrer novamente.

Esses estímulos podem acontecer por acidente e às vezes quando menos esperamos. Talvez você verifique que apreciou uma saída à noite, quando de início estava reticente quanto à ideia de sair ("Uma surpresa agradável"), mais do que quando curtiu uma festa há muito esperada. No entanto, a maioria de nós, a maior parte do tempo, precisa sair, estimular o cérebro e apreciar mais experiências inéditas e energizantes.

Se você quiser ser um detector (ou aproveitador) de oportunidades, é importante preparar o seu cérebro – sensibilizá-lo para um mundo maciço de possibilidades. Existem três habilidades que ajudam a colocar você em um estado de preparação para identificar oportunidades:

Onipresença

Somos informados de que as oportunidades existem por toda parte. E existem mesmo. O desafio é afrouxar seus processos de pensamento o suficiente para detectá-las.

O escritor Roger von Oech fala da abordagem do explorador para identificar oportunidades. O explorador olha para os cantos bem como para a frente porque pode haver algo um pouco mais interessante nos lugares menos óbvios. No questionário do Capítulo 1 usei uma dupla de perguntas metafóricas para mostrar esse ponto. Uma delas indagava se você já havia olhado para "o céu" quando caminha pela rua ou se conserva o olhar ao nível do horizonte. É impressionante o que você vê se olhar para cima. Uma de minhas vizinhas não tinha ideia de que a fileira de velhas casas em que moramos tinha sido construída em 1856, porque jamais havia notado a placa no alto da parede lateral de uma das casas no fim da rua que trazia essa informação (não é uma rua muito grande – apenas seis casas). Então a lição aqui é: "Alargue o seu olhar" – e há um número ilimitado de lugares para olhar.

O escritor Mark Brown aborda a criatividade e fala das oportunidades como uma "luz branca" – onipresente do mesmo modo que as oportunidades. Gosto de pensar sobre as oportunidades da mesma maneira em que pensamos num mecanismo de busca na web: uma única palavra digitada gera um grande número de possibilidades – por vezes, milhões. As primeiras duas páginas em geral fornecem links práticos e lógicos baseados na sua pesquisa. Mas, às vezes, as respostas mais interessantes vêm nas páginas 8, 9, 10 e mais adiante. O questionário no Capítulo 1 perguntou sobre isso, se você só costuma olhar para a primeira página com os links ou vai além dela. Se você for mais longe, notará que as ligações nas páginas subsequentes interpretam os critérios de sua pesquisa de maneiras muito interessantes. Há sempre um website que é uma pedra preciosa, se você estiver preparado para olhar – uma nova descoberta. Isso realmente diz respeito a ser curioso: olhar um pouco mais além e um pouco mais intensamente do que os outros para ver o que eles não conseguem ver. Como a escritora, humorista e crítica Dorothy Parker falou certa vez: "A melhor cura para o tédio é a curiosidade. Não há cura para a curiosidade".

Você também pode pensar as oportunidades do modo como os teóricos do Big Bang falam sobre o Universo (incluindo até um septilhão de estrelas). O Universo emergiu do que é chamado uma "singularidade" – uma "coisa" infinitesimalmente, inimaginavelmente pequena (um bilionésimo do tamanho de um próton). O Big Bang ainda continua atualmente, 13,7 bilhões de anos mais tarde. A comparação com as suas oportunidades aqui é que, tão logo uma oportunidade inicial é concebida e em seguida aproveitada por você, não existe realmente limite para onde aquela oportunidade pode levá-lo. Ela é o seu próprio big bang. Tudo muda para sempre.

Demolição de barreiras

Sempre amarei voar – lutei muito duro para me tornar uma piloto de linha aérea para me desapaixonar por isso. Mas também amo oportunidades e tenho sempre o olhar atento ao que está acontecendo ao meu redor. Penso que o fato de aproveitar as chances que tive para ser piloto quando era jovem tornou-me um pouco mais sensível a quaisquer oportunidades que existam para mim agora. Casei-me há cerca de três anos e, como parte de minha festa de casamento, decidi oferecer doces especialmente feitos aos convidados. Não muito tempo depois disso comecei a receber pedidos: "Você pode fazer aqueles doces para o meu casamento?". E juntamente com uma velha amiga da escola, Sarah, vimos uma ótima oportunidade para oferecer confeitos e doces a ocasiões especiais. O negócio está indo bem e estamos planejando a abertura de nossa loja de venda a varejo em Dublin. Só porque sou piloto de avião não quer dizer que eu seja apenas piloto de avião. Há muitas outras coisas que posso fazer e penso que devo experimentar pelo menos algumas delas.

Bernice

Oportunidades não são fabricadas, mas de fato apresentam-se melhor para aqueles que são capazes de sentir o potencial energizante de novas situações. Já mencionei Helene, que começou a cantar aos 67 anos de idade e agora viaja pelo mundo com o Royal Philharmonic Choir. Também ouvi falar de um lutador de rua e revolucionário mexicano que terminou como um importante professor em uma das mais renomadas universidades dos Estados Unidos, e de um trabalhador em obras de caridade que escalou os sete mais altos picos de todos os continentes. Existem muitas histórias como essas e sem dúvida você mesmo terá algumas. Pessoas para quem as oportunidades se abriram porque deram um passo numa direção diferente, até então inexplorada.

Existem quatro barreiras que precisam ser quebradas para alguém ser um grande identificador (e aproveitador) de oportunidades:

- A autopercepção imprecisa.
- A ideia de que oportunidades existem apenas para certos tipos de pessoas.
- Uma atitude obstinada, como: "Estou certo e posso provar".
- O raciocínio precário.

Como acontece com boa parte dos Hábitos da sorte, o ponto de partida é a autopercepção. Tantas pessoas sofrem de uma carência de autoconsciência e tornam-se prisioneiras de sua própria autopercepção... Como resultado, ou não veem oportunidades que poderiam ser corretas para elas ou aproveitam oportunidades que não são as ideais.

Podem existir armadilhas por toda parte – por exemplo, você se define pelo trabalho que atualmente faz? A citação de Bernice é bastante pertinente nesse ponto – só porque ela é piloto de avião não significa que não possa também dirigir um negócio de especialista, fornecendo confeitos e doces para eventos especiais. Às vezes ouvimos falar de pessoas desempregadas descrevendo-se rigidamente como um... (preencha a lacuna: motorista de caminhão, vendedor de seguros) desempregado, com a implicação de que é isso que fazem, com a exclusão de todo o resto.

Incorporar os Hábitos da sorte diz respeito a sua interpretação de seu mundo e às influências sobre ele, muito especialmente as suas influências. Essa interpretação requer uma dose salutar de autocompreensão. Com o termo "salutar", refiro-me a uma interpretação de si mesmo que chega à beira de transformar a análise em algo estático.

Não apenas fazemos pressuposições acerca de nós mesmos, mas também fazemos isso sobre oportunidades específicas. Se você fizer suposições sobre, digamos, os empresários (extrovertidos, fervilhando de ideias), vai se desqualificar se não tiver essas características. Existem muitos empresários introvertidos e outros que são muito hábeis em desenvolver as ideias de outras pessoas em vez de criá-las pessoalmente.

Você e eu temos um viés rumo à confirmação de perspectivas e opiniões sustentadas atualmente. Buscamos os indícios e sinais que confirmam aquilo que já acreditamos ser verdadeiro e ignoramos as coisas que não se enquadram. Isso cria um certo grau de obstinação – um ciclo de vida que perpetua a si mesmo e no qual vemos apenas o que queremos ver.

Você já escutou o velho ditado: "Quando tudo muda você volta ao zero"? Uma outra barreira é que deixamos de notar quando nossas habilidades se tornaram ultrapassadas ou quando, se você trabalha no setor privado, fica tão cego pelo sucesso que deixa de notar o recém-chegado no quarteirão que está redefinindo o modo como o seu setor industrial vai operar no futuro. A obstinação também existe como: "O modo como eu faço/nós fazemos".

Um filme de arte que vi há poucos anos (*Kandahar*) conta a história da jornada de uma jovem através do Irã e do Afeganistão enquanto ela viajava para encontrar sua irmã em Kandahar. Em dado momento, em meio à paisagem de uma aspereza incessante, um rapaz gloriosamente otimista diz: "Sim, mas quando os muros são altos, o céu é ainda mais alto".

Reconhecer a quase total falta de oportunidades no Afeganistão ("os muros") o sensibilizou para todas as oportunidades que existem em outras partes ("o céu"). É por isso que muitos dos grandes aproveitadores de oportunidades americanos do final do século XIX e início do XX não eram absolutamente nascidos na América. E, como um pensamento ulterior, por que tantos de nós que vivemos no céu – a terra das oportunidades – escolhemos erguer um muro em seu interior?

Juntar migalhas

No futuro talvez olhemos para os 50 anos que antecederam 2010 como uma espécie de irrealidade, em vez da normalidade que acabamos por aceitar. Em muitas sociedades ocidentais tivemos um bom serviço de saúde, educação gratuita, pensões estatais, seguridade social, crédito fácil, boas casas e um automóvel. Com as exceções de praxe, muitos gozam de proteção desde o berço até o túmulo, defendida pelos reformadores sociais. No momento em que escrevo, as coisas não parecem tão boas. Com efeito, podemos jamais voltar a esses "anos dourados".

As confortáveis suposições que fizemos sobre nossas vidas estão sendo desafiadas. Algumas dessas suposições podem ser reduzidas ou até mesmo desaparecer (pensões, por exemplo). Esse é um pensamento assustador para alguns, e, no entanto, para todas as gerações anteriores, a "aterrissagem suave" de que gozamos jamais existiu. Elas tinham de batalhar e juntar migalhas e lidar com a incerteza. Precisavam de todos os maravilhosos traços humanos como ideias, capacidade de improvisação e engenhosidade para sobreviver. Tinham de ser autossuficientes.

Talvez você não fique à vontade com a ideia de que o papel higiênico macio e em três camadas da vida moderna seja substituído por um papel mais áspero. E provavelmente não será. Mas aquelas velhas habilidades de juntar restos que serviram tão bem às gerações anteriores são necessárias agora, de um modo que não haviam sido por muitos anos. Precisamos estar preparados para detectar e aproveitar ao máximo nossas oportunidades. Isso poderia fazer-nos crescer. Isso poderia fazer você crescer. Jamais os Hábitos da sorte foram tão necessários.

Portanto, um bom passo para se preparar para a oportunidade é estar preparado para pensar mais com sua própria cabeça, responder à ambiguidade e à adversidade e improvisar quando as oportunidades são um pouco diferentes daquelas que você imaginou.

Preparação – resumo

✤ A adversidade (que poderíamos ver mais ao longo dos próximos anos) exige mais sensibilidade para identificar oportunidades e imaginação para criá-las.

- Oportunidades existem por toda parte – você consegue colocar-se psicologicamente (ou fisicamente) em um lugar onde possa vê-las?
- Você "verá" apenas até onde escolher "ver".
- Não coloque falsas barreiras (como sua percebida falta de conhecimentos, habilidades e adequação) entre você mesmo e as oportunidades do futuro. Existem oportunidades para todos os tipos de personalidades e de pessoas.
- Conserve suas habilidades atualizadas.
- Pergunte-se: "Quem está fazendo as coisas de um modo fundamentalmente diferente da maneira como eu/nós fazemos atualmente? Quem está desafiando o *statu quo* e de que modo está fazendo isso?"

Criar

Identificar oportunidades é uma forma de criatividade, e esta seção examina três modos como você pode criar oportunidades. Eles seguem-se desde as ferramentas de preparação (e alguns deles se sobrepõem).

Prática

Esta parte vai muito bem com os capítulos sobre aprendizagem e desempenho, nos quais defendi o valor da prática com propósito. Quanto melhor você fica em alguma coisa, mais as oportunidades parecem abrir-se para torná-lo ainda melhor. E, assumindo que você efetivamente melhore, mais você vê meios com os quais pode usar seu desempenho melhorado de maneiras aliadas a oportunidades. Pense sobre Bill Gates, Steve Jobs e outros, que nos anos

1970 mergulharam totalmente na tecnologia do computador até que as horas seguidas de testes e prática com tais tecnologias permitiram-lhes moldar o futuro. Um exemplo extremo, mas que torna claro que uma prática persistente e com propósito leva à maestria e a novas oportunidades.

Muito pouco acontece àqueles que não fazem nada.

Colaboração

Desde 1800 o mundo tem vivido com a teoria da criação do "grande homem". Não é tão difícil ver por quê. Os leitores com uma religião provavelmente verão o criador supremo como uma única entidade masculina. O cristianismo levou ao extremo a teoria do "grande homem", pois o criador também vinha com uma barba abundante para uma autenticidade masculina adicional. Os saltos tecnológicos do século XIX tinham homens como Alexander Graham Bell, Isambard Kingdom Brunel e Thomas Edison como seus genitores. No século seguinte (e até agora), continuamos com essa noção de que as grandes ideias, sejam elas concebidas para solucionar problemas ou para aproveitar ao máximo as oportunidades, vêm de momentos individuais de "eureca" – embora a emancipação do século XX significasse que a liberdade de ter grandes ideias (e de agir com base nelas) não era específica de gênero feminino ou masculino.

No entanto, uma rápida olhada nas patentes por todo o mundo sugere que esses momentos de inspiração individual não são a norma. De fato, confiar neles para resolver problemas ou fermentar oportunidades é um modo extremamente pouco confiável para se mover de A para B. Ótimos quando acontecem, mas não tão bons enquanto recurso fácil de acessar em tempos problemáticos. A solução inspirada pode chegar. Mas provavelmente não virá.

As grandes ideias usualmente aparecem como um resultado de processos colaborativos e precisam de tempo para ser nutridas, crescer e se tornar algo de real valor. Poderia ser uma só pessoa que age, mas a ideia ou a oportunidade é amadurecida por meio da reunião de camada sobre camada de pensamento, acerca de uma ideia. A oportunidade torna-se menos um pensamento aleatório e mais uma solução tangível, com base na qual uma pessoa, ou mais provavelmente um grupo de pessoas, agirá. Desse modo, embora este livro tenha um tom "centrado em você", usar a arte da colaboração como um meio de desenvolver suas próprias ideias, ou usar os pensamentos aleatórios dos outros (sem roubar, é claro) para amadurecer suas próprias oportunidades, são habilidades reais. Caso você esteja trabalhando sobre novas oportunidades como parte de um grupo, os pontos seguintes são importantes:

- **Tempo**. Dê às pessoas tempo para pensar – não espere respostas instantâneas. Como já foi visto neste livro, você não apenas deveria dar a si mesmo tempo para pensar, mas também dar tempo aos outros.
- **Gente de fora**. Pelo menos algumas das pessoas com que você colabora deveriam ser "de fora", capazes de dar-lhe uma perspectiva diferente.
- **Compartilhe o objetivo**. Colabore com aqueles que compartilham sua motivação para criar. Essa motivação pode vir através de uma identificação pessoal com o objetivo ou de uma disposição para ajudar.
- **Nunca se dê por satisfeito**. Jamais compre uma ideia pelo valor nominal. Você consegue torná-la mais rigorosa, ser mais específico? Faça a pergunta: "O que mais?", e em seguida pergunte novamente, até ter esgotado todas as avenidas. O poder

de numerosas mentes sobre isso vai fortalecer o processo de aperfeiçoamento/desenvolvimento da ideia.

✤ **Seja aberto.** Dê boas-vindas às ideias dos outros e seja verdadeiro acerca disso. Evite criticar as ideias que as pessoas têm – ou elas logo deixarão de tê-las.

✤ **Reconheça a contribuição.** Não roube. Ninguém quer trabalhar ou jogar com uma pessoa que não dá crédito onde ele é devido.

Pensamentos celestiais

Um ditado clássico diz que, se você mirar as estrelas, poderá atingir a Lua. Se você mirar a Lua, poderá nem ultrapassar a atmosfera da Terra. Eis um exemplo de Michele sobre isso:

> *No início dos anos 1990, os computadores passaram a ser comuns nos escritórios e habilidades de computação tornaram-se uma necessidade, caso você quisesse trabalhar num escritório. Eu vinha trabalhando com diferentes grupos, fornecendo treinamento para pessoas que, em outras circunstâncias, não teriam condições de pagar pelo treinamento. Mulheres que voltavam a trabalhar, por exemplo. Na época, os computadores eram muito caros para nós – não tínhamos recursos para comprar novos, mas as empresas estavam simplesmente jogando-os fora em Londres. Então bati a algumas portas e perguntei se poderia ficar com as máquinas que eles não queriam mais. Quando a Coopers & Lybrand perguntou: "Quantos computadores você quer?", respondi: "Quantos vocês têm?". Pensei que poderiam ter uma dúzia ou algo assim. Eles tinham mil. A oportunidade para desenvolver uma empresa social havia começado.*

Michele diz que foi a atitude mais empresarial que ela havia tido até aquele momento. Ser realista é importante, mas nunca arriscar pode significar deixar escapar uma oportunidade realmente grande (no caso de Michele, 988 computadores!). E, mesmo que a motivação fundamentada nas emoções eleve o nível das expectativas, talvez até de modo não realista, ainda assim você provavelmente irá mais longe do que poderia ter feito. Boa parte dos Hábitos da sorte diz respeito a profecias autorrealizáveis, como foi visto em outros capítulos. Este – deixar escapar uma oportunidade – é mais um exemplo.

Há uma diferença entre mirar as estrelas e a fantasia pura. Bill Gates e Steve Jobs não foram em frente com a intenção exclusiva de criar duas das maiores companhias do mundo. E você não vai ganhar os 100 metros nas Olimpíadas aos 80 anos de idade (embora talvez conseguisse num prazo de 200-300 anos).

Criar – resumo

- A verdadeira imersão em alguma coisa cria vislumbres e possibilidades que você poderia não ter visto se não tivesse se envolvido – desde que conserve a mente aberta.
- Colabore com os outros – a colaboração com frequência fornece a propulsão para suas próprias ideias semielaboradas.
- Mire mais alto – um objetivo ampliado em vez de um de rotina pode significar um nível de realização que talvez você não julgasse possível.

Jogar

Então, agora você preparou seu cérebro para estar aberto a oportunidades, tem consciência das barreiras que se erguem no caminho e sabe como criar oportunidades. É hora de jogar com os resultados e tomar algumas decisões. Com todas essas oportunidades ao redor, quais você aproveita? Quais fazem sentido? Quais são as certas para você? Em seguida, quando você está nesse novo mundo, precisa adaptar-se a ele e considerar que, depois que a tampa da lata foi aberta, é quase impossível colocá-la no lugar outra vez.

> *Bem cedo na vida cheguei a um ponto em que tinha de tomar uma decisão crítica. Eu havia sido uma dançarina irlandesa por muitos anos (agora sou instrutora), e quando completei 20 anos recebi a oferta para participar do musical* Lord of the Dance. *Era uma ótima oportunidade. Mas na mesma época eu havia embarcado em meu treinamento para ser piloto. Já havia investido muito dinheiro e trabalho duro nisso. Eu estava, como dizem, seguindo minha estrela. Sendo racional, compreendi que ser uma piloto proporcionava segurança a longo prazo.* Lord of the Dance *era a curto prazo, mas devo dizer – sem considerar a trilha da carreira – que também adorava voar. Eu era capaz de seguir meu coração, mas também de adotar a opção racional. Se eu não tivesse gostado tanto de voar, a decisão teria sido diferente. Não lastimei a decisão tomada por um único momento.*
>
> Bernice

A experiência de Bernice aproxima-se de dois importantes elementos "de jogo" ao se encontrar no estágio de tomada de decisões:

- **De "cabeça" inteira.** Pensamento lúcido e racional e avaliação de riscos.
- **De "coração" inteiro.** O impulso emocional que o leva da ideia/oportunidade para a ação.

De cabeça inteira

No caso de Bernice, sua cabeça estava dizendo que "ser uma piloto proporcionava segurança a longo prazo". Lançar-se em alguma coisa sem pensar raras vezes é uma boa ideia. Um pensamento claro o ajuda a fazer o tipo certo de perguntas: "O que a experiência está me dizendo aqui? Quem está disponível para me ajudar? Onde posso gerar tempo para me permitir fazer isso? O que vejo como benefícios por fazer isso? Quais são as implicações financeiras?". Mergulhar de cabeça inteira permite afastar obstáculos. Quanto mais obstáculos você descartar, mais fácil será a trilha para a realização – ainda que "mais fácil" não signifique "fácil".

O guru em investimentos Warren Buffett falou certa vez que o risco é quando você não sabe o que está fazendo. E às vezes você tem efetivamente de aceitar que não sabe e não pode saber tudo. Na verdade, se você precisar da informação perfeita para tomar a decisão perfeita, jamais terá o suficiente... e jamais fará coisa alguma. Portanto, sempre haverá risco. E, como atestarão os analistas do recente desastre financeiro, as fraquezas acabarão por ser descobertas. O que você pode fazer é reduzir esse risco ao ter um plano preparado para o caso de o pior acontecer. Um pouquinho de planejamento de cenário – pensamento avante – funciona aqui.

De coração inteiro

Quanto você coloca de sentimento em suas decisões? Isso não pode ser forçado. É gerado na maioria dos casos pela conexão ou "afinidade" que você sente pelo que está fazendo (estamos novamente de volta ao Fator da sorte 1), embora algumas vezes os motivadores possam ser alimentados por fatores externos, como a energia gerada pelas pessoas ao seu redor. Enquanto o pensamento racional lhe permite decidir qual caminho trilhar, o elemento emocional cria a propulsão necessária para que comece a caminhar por aquela trilha. O coração também faz mais uma coisa por você. Permite-lhe acessar sua intuição – aquela sensação de que o caminho que está seguindo é "certo" ou "errado". A intuição pode ser fabulosamente certa e, em certas ocasiões, fabulosamente errada, mas é provavelmente tão boa quanto a mais "dura" ferramenta analítica na tomada de decisões.

De coração e cabeça unidos

Para fazer os julgamentos corretos você precisa de uma combinação dessa análise sistemática (a cabeça) e do impulso emocional (o coração). É o que chamo de "coração e cabeça unidos". Você precisa de uma combinação do "duro" e do "suave" para progredir e aproveitar ao máximo as oportunidades que funcionarão melhor no seu caso. Provavelmente você terá uma orientação mais para um elemento do que para o outro, mas não ignore um a expensas do outro.

A nova linguagem

Tendo sido lançado num "supergrupo" de jazz e começado a tocar guitarra relativamente tarde em comparação a seus pares, Mo verificou de repente que estava tocando com músicos que se encontravam num nível superior àquele a que estava acostumado:

> *Compreendi que não falava a língua deles. E compreendi que, se quisesse sobreviver, precisaria falar rapidamente essa língua. Foi*

o que fiz. Eu me adaptei e aprendi a língua. Você deve aprender a se adaptar às novas oportunidades, se tiver de fazer isso.

Se estiver com pessoas que sabem mais que você, pode ficar intimidado com isso ou inspirado por isso. Mo já falou sobre como ele "molda" sua aprendizagem (ver Fator da sorte 7) – aqui ele estende esse princípio a novos ambientes, nos quais a necessidade é perseverar. Você tem de equilibrar a necessidade de ser "você" – as coisas sobre você que lhe trouxeram a oportunidade – e a adaptabilidade necessária para sobreviver em seu novo ambiente.

Essa necessidade de adaptabilidade também atingiu Michele em suas novas circunstâncias. Ela literalmente mudou a linguagem que costumava usar para aproveitar ao máximo a porta de entrada que havia criado:

> *Agora eu precisava de espaço. Perguntei a meu superior se ele me alugaria o porão em troca de uma participação em eventuais lucros* [o superior dela se tornaria seu marido!]. *Agora estávamos retirando computadores de firmas comerciais e passando-os para famílias de baixa renda, mas nesse estágio estávamos trabalhando com volumes reduzidos. Então uma boa companhia de Luton ofereceu-nos espaço, dando-nos a chance de desenvolver o que fizemos. Nesse estágio eu estava analisando o mercado e compreendi que estava olhando para ele do modo errado. Precisávamos mudar nosso enfoque de levantar recursos para* **vender mais**.

Uma simples mudança de foco de seu negócio de "levantar recursos" para "vender mais" transformou a organização de caridade em uma sólida perspectiva comercial – mas ainda com seus valores centrais intactos. Fez uma grande diferença.

Então, para resumir os dois pontos-chave:

- A nova linguagem não precisa necessariamente partir de outra pessoa (como foi no caso de Mo). Pode facilmente ser você mudando a linguagem.
- Adaptabilidade pode significar você adaptando-se a outras pessoas para progredir ou você estando preparado para adaptar sua ideia original para torná-la melhor.

De tampa aberta

Será que você já teve um tempo em sua vida em que novas oportunidades pareciam estar se abrindo – uma oportunidade parecia criar uma nova, e assim por diante? Embora estivesse se esforçando para acompanhar o ritmo mais acelerado de sua vida, você provavelmente se lembra disso como uma época divertida.

Uma oportunidade criando outra é crucial para os Hábitos da sorte. Os fatalistas muitas vezes chamam isso pela palavra inglesa "*serendipity*", que pode ser traduzida como um "acaso feliz". Algumas pessoas subconscientemente se referem a isso quando dizem coisas como: "Ele simplesmente estava no lugar certo na hora certa". Ou: "Foi o destino". No entanto, ao dizer essas coisas você remove de imediato a sua própria pegada de todo o processo.

Mo Nazam chegou a tocar com um grupo pioneiro de jazz, os Jazz Warriors, porque trabalhou muito duro para tornar-se um grande guitarrista e eles viram que ele tinha algo a dizer musicalmente. As oportunidades abriram-se a ele a partir dali por causa daquele trabalho duro.

É um pouco como comprar um carro novo: de repente você nota todos os carros iguais ao seu na estrada. Faça um esforço consciente para seguir um determinado caminho na vida e você verá todas as oportunidades que o caminho pode oferecer – e, mesmo se não notar, elas o encontram. Diz Mo:

> *Comecei a trabalhar com melhores músicos e, por intermédio de um velho amigo, o baixista Wayne Batchelor, consegui participar do grupo seminal do jazz britânico dos anos 1980, os Jazz Warriors, fundado por Courtney Pine. Muitos dos grandes intérpretes britânicos, como os irmãos Mondesir e Steve Williamson, passaram por esse grupo. Uma grande oportunidade havia se aberto para mim. Tornei-me um membro da banda, embora pense que eles me fizeram muitas concessões. Talvez nesse estágio eu não fosse tão bom tecnicamente quanto eles eram, mas penso que gostaram de mim porque, ao tocar, eu tinha algo a dizer. Eu tinha uma "personalidade" que dava ao som algo diferente. Esse equilíbrio entre técnica e individualidade é muito importante em muitos aspectos da vida.*

iPrints

Se você opera num ambiente comercial, apreciará a importância de novas ideias que têm valor. Eis um exemplo de uma ótima ideia. Mas, ainda melhor do que isso, eis um exemplo de uma ótima ideia que gerou outra grande ideia:

Se estiver frio e você estiver usando luvas, poderá achar um pouco difícil atender ao telefone, enviar e-mails e navegar pela web, caso esteja usando um celular ou um tablet. Um homem empreendedor, Phil Mundy, baseado em Leeds, veio com a ideia de uma pequena fita adesiva – iPrints – que você pode prender às pontas dos dedos de suas luvas. Direcionada inicialmente para o mercado de esportes de inverno, a demanda espalhou-se com rapidez (trabalhadores de construção, comerciantes de comida congelada) e o primeiro lote de 8 mil fitas se esgotou em dois meses. Um problema deu origem a uma grande ideia, que se tornou uma ótima oportunidade e em seguida um negócio crescente.

Mas o ponto crucial dessa história em particular é que, depois que você percebe uma oportunidade e vai viver com a ideia que dá apoio à oportunidade, outras oportunidades começam a despontar. Foi o que aconteceu em seguida: Phil Mundy reconheceu uma grande oportunidade de marketing "na ponta dos dedos" e compreendeu que poderia produzir mais renda com a venda de espaço publicitário ali.

Você provavelmente experimentou algo similar em sua própria vida – aquela sensação de um mundo de novas oportunidades ou experiências abrindo-se para você. Pense numa ocasião em que um hobby abriu toda uma série de novas oportunidades enquanto você explorava as possibilidades dele. Um corredor ficará melhor, estará consciente de quão melhor está ficando, vai querer comparar o seu tempo, vai ingressar num clube, vai competir ainda que num nível muito local, conhecer outras pessoas que gostam de correr, desenvolver uma nova vida social... a lista poderia continuar. A tampa da lata está realmente aberta.

Jogar – resumo

- O coração fornece o impulso emocional para avançar com as oportunidades, mas a cabeça proporciona o contrapeso necessário a uma ação impulsiva, mal concebida. Uma ótima tomada de decisões vem de "coração e cabeça unidos".
- Analise os riscos. O risco é bom, mas tenha um plano preparado para neutralizá-lo.

- Esteja preparado para adaptar o que você faz em um novo ambiente – não seja um pensador rígido, sem importar o quão ligado esteja com as velhas práticas e modos de pensar.
- As oportunidades parecem se multiplicar. Tão logo você pega uma, outras aparecem a partir da antiga.
- A energia é insubstituível porque a passividade significa ficar sentado e esperar as oportunidades chegarem. O que não vai acontecer. Identificar e aproveitar oportunidades não é um esporte de poltrona.

Conclusão

Este livro lhe apresenta uma escolha. Você pode escolher ser jogador ou espectador.

✤ **O jogador** compreende que, se quer que coisas boas lhe aconteçam, tem de fazer coisas específicas para que aquelas coisas boas aconteçam de fato.

✤ **O espectador** espera e torce para que o trem da boa sorte pare à sua porta algum dia. Com frequência vai ouvi-lo reclamar em voz alta, porque o trem seguiu por um caminho diferente ou passou alguns minutos mais cedo e ele acabou perdendo-o.

Bem, o trem seguiu por um caminho diferente porque outra pessoa colocou um novo trilho. Tampouco estava adiantado (ou atrasado). O tempo está sempre ligado a prioridades – o modo como você usa seu tempo baseia-se inteiramente no que é mais importante para você. Aqueles que incorporaram os Hábitos da sorte sempre tornam prioritário o dispêndio de seu tempo para criar sua própria sorte.

Tenho clareza de que os fatalistas fazem duas coisas:

✤ Usam uma experiência ruim como uma "condição de vida": "Tenho toda a má sorte do mundo e outros têm toda a boa sorte. Nada que eu faço faz a menor diferença".

- Esperam pela "boa sorte" – ganhar na loteria, por exemplo –, o que é um espetacular desperdício da vida.

As pessoas com os Hábitos da sorte são realistas persistentes. Elas fazem coisas específicas para dar a si mesmas as melhores chances de sucesso. Este livro examinou 20 Fatores da sorte para ajudá-lo a fazer isso. Da maneira como você aprende ao modo como se relaciona com outras pessoas. Da maneira como você atua ao modo como cria propósito em sua vida. Da maneira como percebe oportunidades ao modo pelo qual você se desenvolve e cresce enquanto pessoa.

Você sempre teve – e sempre terá – uma escolha acerca da maneira como faz essas coisas. Quer ser um jogador ativo ou quer viver de observador no sofá? Você quer, no fim da vida, poder dizer: "Eu tentei o melhor possível", ou prefere deixar todas as chances que teve para controlar a própria sorte deslizarem por entre os dedos?

A escolha é sua.

Recursos

Os hábitos da sorte em sua organização

Douglas Miller Learning desenvolve seminários de dois e três dias sobre os Hábitos da sorte para organizações. Tais seminários podem reunir de 10 a 500 pessoas.

Os leitores que desejarem maiores informações podem entrar em contato (em inglês) pelo e-mail:

theluckhabit@douglasmillerlearning.com

e/ou através do website:

http://www.douglasmillerlearning.com/douglas_miller_the_luck_habit.html

Websites (em inglês)

Jonathan Bond – **www.pinsentmasons.com**
Adam Gee – **www.channel4.com; www.arkangel.tv**
Bernice Moran – **www.virgin-atlantic.com**
Mo Nazam – **www.theberakahproject.org**
Michele Rigby – **www.socialfirmsuk.co.uk**
Greg Searle – **www.lane4performance.com/Greg-Searle-Practice-Director.htm**

A história do retorno de Greg aos 40 anos é contada em sua autobiografia, publicada logo depois das Olimpíadas de 2012.

Agradecimentos

Existem algumas pessoas a quem eu gostaria de agradecer, uma vez que sem elas eu não teria sido capaz de escrever este livro. A primeira é Elie Williams, minha editora. Ela defendeu a ideia inicial, elaborou novas ideias, lutou com firmeza pela publicação do livro e sugeriu o título. Obrigado, Elie. Também gostaria de agradecer a Laura Blake, que cuidou do livro depois que encaminhei o original, e à editora de texto Josephine Bryan, que trabalhou duro em cima do meu manuscrito e desafiou minhas inconsistências e imprecisões – os erros remanescentes são de minha responsabilidade exclusiva.

Gostaria de agradecer a meus seis entrevistados: Jonathan Bond, Adam Gee, Bernice Moran, Mo Nazam, Michele Rigby e Greg Searle. Eles concederam seu tempo livre para me ajudar e estou muito grato a eles. Para contatá-los, seus websites etc., consulte a página anterior.

Aparentemente, agradeço a meu mentor Mark Brown em todos os livros que escrevo, e gostaria de fazer o mesmo aqui. O exercício do manequim e a luz branca e, suspeito, um punhado de outras coisinhas, foram tomados por empréstimo com os meus mais profundos agradecimentos.

Finalmente, agradeço a minha Gosport Library, a biblioteca local, em Hampshire. Bibliotecas criam um ambiente encantador, não apenas para ler mas também para escrever, e foi ali que boa parte deste livro foi escrita.